東京都主任試験解答集

令和2－3年度
全択一問題と解説
（ＡⅠ・ＡⅡ類）

都政新報社

はしがき

都主任級選考は、都庁の人事任用制度の入り口として課長代理級、管理職昇任へのいわば登竜門です。令和３年度の合格率は、ＡⅠ類が32.3％、ＡⅡ類が26.8％となっています。決して楽な選考ではありません。しかし、日々の職務をきちんとこなし、計画的に準備すれば、誰でも合格チャンスはあります。

そこで、まずお勧めしたいのが「過去問」を解くことです。どのような問題が出題されてきたのか、傾向と難易度をつかむことは、合格への近道となります。

本書では、令和２年度、３年度の筆記考査（択一）の問題と解説をまとめました。過去問を解いて要求される知識の範囲、深さ、自己のレベルなどを把握することは、受験勉強を進めるにあたって道しるべとなります。本書が合格へのステップとなることを願っています。

弊社で発行している『地方自治法　実戦150題』『地方公務員法　実戦150題』『行政法　実戦150題』や１日10分『買いたい新書』シリーズ、『東京都主任試験ハンドブック』なども併せてご活用いただければ幸いです。

令和３年11月

㈱都政新報社　出版部

目　　次

令和２年度

択 一 問 題

主任ＡⅠ類事務　55問（２時間45分）
主任ＡⅠ類技術　45問（２時間15分）
主任ＡⅡ類　　　30問（１時間30分）

◇Ⅰ類

◇Ⅱ類

令和２年度　択一問題の正答

問題番号			分　野	出題内容	正答
AⅠ類事務	AⅠ類四技	AⅡ類			
1	1	1	統計資料の見方	統計の種類	4
2	2	2		偏差値	3
3	3		基礎的法令（憲法）	職業選択の自由	5
4	4			財産権	2
5	5			司法権の独立	1
6	6		基礎的法令（行政法）	行政法の法源	5
7	7			行政計画	3
8	8			行政行為の効力	2
9	9			行政契約	2
10				行政上の即時強制	3
11	10			行政罰	4
12				行政事件訴訟の分類	2
13	11			行政不服審査法	5
14				執行停止及び内閣総理大臣の異議	1
15			地方自治制度	国と普通地方公共団体の関係	4
16				長及び議会の議員の選挙	3
17	12			直接請求	1
18	13			議会の調査権	2
19				長の権限	5
20	14			長の補助機関	4
21	15			長の不信任議決	3
22				決算	3
23	16			現金及び有価証券	1
24	17			住民監査請求及び住民訴訟	2
25				外部監査契約に基づく監査	1

問題番号			分　野	出題内容	正答
AI類事務	AI類四技	AII類			
26	18	3	地方公務員制度	人事委員会	5
27	19	4		臨時的任用	5
28				離職	4
29	20	5		再任用	2
30	21	6		懲戒	2
31	22	7		服務の根本基準及び服務の宣誓	4
32	23	8		信用失墜行為の禁止	3
33				政治的行為の制限	1
34	24	9		争議行為等の禁止	4
35	25	10		労働基本権	4
36	26	11	都政実務	組織	3
37	27	12		任用制度	4
38	28	13		手当	1
39	29	14		研修	5
40	30	15		文書の起案又は供覧	3
41	31	16		公文書の整理及び保存	2
42	32	17		決算	5
43	33	18		収入事務	4
44	34	19		新公会計制度	4
45	35	20		債権	2
46	36	21		個人情報保護制度	1
47	37	22		特性要因図	3
48	38	23		IT 化を支える基盤	3
49	39	24	都政事情	東京都性自認及び性的指向に関する基本計画	3
50	40	25		品川駅・田町駅周辺まちづくりガイドライン2020	2
51	41	26		東京都社会的養育推進計画	4
52	42	27		東京都ひとり親家庭自立支援計画（第４期）	3
53	43	28		東京都建設工事従事者の安全及び健康の確保の推進に関する計画	3
54	44	29		東京都医師確保計画	2
55	45	30		東京都子供・若者計画（第２期）	1

【No. 1】 統計の種類に関する記述として、妥当なのはどれか。

1. 一次統計は、何らかの調査を行うことによって集められた情報から作成される統計で、業務統計と加工統計に分けられる。
2. 全数調査は、母集団の一部を抽出し全体を推定しようとする調査であり、その集団に関する標識について、地域的にも詳細な統計を作成することが可能である。
3. 標本調査は、全数調査と比べて多くの経費と標本誤差を伴うが、集計に要する時間が短いため調査結果を早く利用できる。
4. 業務統計は、行政機関や民間団体の業務記録を基に作成される統計で、例えば、税務統計や運輸統計がある。
5. 加工統計は、調査統計に何らかの加工を行って得られる統計で、精度は高いが、利用が比較的難しく、加工方法によって結果が変わり得るなどの課題がある。

【No. 2】 ある中学校のクラスで英語の試験を実施したところ、平均点は65点、標準偏差は15点であった。生徒Aの得点が50点のとき、生徒Aの偏差値として、正しいのはどれか。

1. 30
2. 35
3. 40
4. 45
5. 50

【解説　No.　1】　　Ⅰ類事務、Ⅰ類技術、Ⅱ類

1．誤り。一次統計は、一般に統計調査の結果から直接得られる統計で、調査統計と業務統計に分けられる。問題文中の加工統計は二次統計である。

2．誤り。全数調査は、調査対象全体（母集団）を網羅的に調査する統計調査である。

3．誤り。標本調査は、母集団の中から一部を抽出し、この抽出した部分だけを調査し、その結果から全体を推定しようとする調査である。標本調査は標本誤差を伴うが、全数調査に比べ調査規模が小さいことから経費が少なくて済む。

4．正しい。業務統計は、業務上の必要性から集めた、または作成した業務記録から副次的に作成される統計である。

5．誤り。加工統計は、一次統計の情報を集約し加工して作成される統計である。利用は比較的容易な一方で、精度が一次統計の精度に依存していることや加工方法によって結果が変わり得るなどの課題がある。

正答　4

【解説　No.　2】　　Ⅰ類事務、Ⅰ類技術、Ⅱ類

職員ハンドブックで取り上げられている統計知識のうち偏差値についての問題である。

偏差値とは、平均＝50、標準偏差＝10となるように、各人の点数を換算したもので、定義は、50＋10×｛(各人の試験の点数－平均点)÷標準偏差｝となる。

出題の数値を定義式に当てはめて計算すると、

$50+10\times\{(50-65)\div 15\}=40$

となる。

正答　3

【No. 3】 憲法に定める職業選択の自由についての最高裁判所の判例に関する記述として、妥当なのはどれか。

1. 小売商業調整特別措置法による小売市場開設の規制は、経済基盤の弱い小売商を過当競争による共倒れから保護するという消極目的のものであり、手段・態様において合理性が認められず、違憲とした。
2. 薬事法に定める薬局の距離制限は、薬局の偏在を避け、競争激化による不良薬品の供給を防止し、国民の生命及び健康に対する危険を防止するために必要かつ合理的な規制であり、合憲とした。
3. 公衆浴場の距離制限は、平成元年1月の判決では、既存業者の経営の安定を図るという消極目的の規制であり、その手段・態様において合理性が認められず、違憲とした。
4. 酒類販売業を酒税法において免許制としていることは、酒税の適正かつ確実な賦課徴収を図るという国家の財政目的のために、必要かつ合理的な規制であるとはいえず、違憲とした。
5. 司法書士法において、司法書士及び公共嘱託登記司法書士協会以外の者が、他人の嘱託を受けて登記に関する手続の代理等の業務を行うことを禁止していることは、公共の福祉に合致した合理的な規制であり、合憲とした。

【解説　No.　3】　　**Ⅰ類事務、Ⅰ類技術**

1．誤り。判例は「規制の目的が、経済的基盤の弱い小売商を相互間の過当競争による共倒れから保護するという積極的目的の規制であり、明白性の原則から合憲である」とした（最大判昭47.11.22）。

2．誤り。判例は、「薬局の配置規制について、国民の生命及び健康に対する危険を防止するための規制であるが、過当競争による不良医薬品の供給の危険性は観念上の想定にすぎず、合理的な規制とはいえないため違憲である」とした（最大判昭50.4.30）。

3．誤り。判例は「公衆浴場の距離制限は公衆浴場業者が経営の困難から廃業や転業をすることを防止し国民の保健福祉を維持するという積極目的の規制であり、距離制限も十分の必要性と合理性を有していると認められる」として、合憲であるとした（最大判平元.1.20）。

4．誤り。判例は「酒類販売業免許制度を存置すべきものとした立法府の判断が、裁量の範囲を逸脱するもので、著しく不合理であるとまでは断定し難い」として、合憲であるとした（最大判平4.12.15）。

5．正しい（最大判平12.2.8）。

正答　5

【No. 4】　憲法に定める財産権に関する記述として、妥当なのはどれか。

1. 財産権の保障とは、私有財産制の保障であって、個々の国民が現に有している個別的、具体的な財産権の保障を意味するものではない。
2. 最高裁判所は、ため池の堤とうの使用行為は、適法な財産権の行使のらち外にあるものとして、条例で禁止、処罰をすることができると判示した。
3. 憲法第29条第３項にいう「公共のため」とは、ダムや道路建設などの公共工事のためであることを意味し、収用全体の目的が広く社会公共の利益のためであっても、特定の個人が受益者となる場合は該当しない。
4. 最高裁判所は、土地収用法における損失の補償とは、収用の前後を通じて被収用者の財産価値を等しくならしめるような補償をなすべきであることから、合理的に算出された相当な補償をすれば足りるとした。
5. 最高裁判所は、法律に損失補償に関する規定がない場合には、財産権を制限された者が、直接憲法を根拠にして補償請求をする余地は全くないとした。

【No. 5】　司法権の独立に関する記述として、妥当なのはどれか。

1. 裁判官は、具体的事件の裁判に当たっては、完全に独立してその職権を行い、立法権や行政権はもちろん、司法部内の指揮・命令も受けない。
2. 司法権の独立の例外として、衆議院及び参議院は、現に裁判所に係属中の事件に関して、国政調査権に基づいて、司法権に類似する調査を行うことができる。
3. 全ての裁判官は、執務不能の裁判による場合、公の弾劾による場合、国民審査による場合の三つの場合以外は罷免されない。
4. 最高裁判所の裁判官は内閣の指名により天皇が任命し、下級裁判所の裁判官は最高裁判所の指名により内閣が任命する。
5. 下級裁判所の裁判官は、法律の定める年齢に達した時に退官することを規定しているが、最高裁判所の裁判官にはこのような規定はない。

【解説　No.　4】　**Ⅰ類事務、Ⅰ類技術**

1．誤り。財産権の保障は、私有財産権を制度として保障するとともに、個人が現に有する具体的な財産上の権利を保障するものである。

2．正しい。判例は「災害を未然に防止するという社会生活上のやむを得ない必要から、ため池の堤とうを使用する財産上の権利を有する者は何人も、公共の福祉のため、当然これを受忍しなければならない責務を負うべきである」として、ため池の堤とうの使用権を条例で禁止、処罰できるとした（最大判昭38．6．26）。

3．誤り。特定の個人が受益者となる場合でも、収用の目的が広く社会公共の利益のためであれば認められる。

4．誤り。判例は「土地収用法における損失の補償は、その収用によって当該土地の所有者等が被る特別な犠牲の回復をはかることを目的とするものであるから、完全な補償、すなわち、収用の前後を通じて被収用者の財産価値を等しくならしめるような補償をなすべき」としている（最大判昭48．10．18）。

5．誤り。憲法第29条3項を直接根拠にして補償請求をする余地があるとするのが判例・通説である（河川附近地制限令事件）。　**正答　2**

【解説　No.　5】　**Ⅰ類事務、Ⅰ類技術**

1．正しい。具体的事件に関しては、監督権の行使により裁判官の裁判権に影響を及ぼし、またはこれを制限することはできない（憲法第76条3項、裁判所法81条）。

2．誤り。現に係属中の事件について、裁判所と異なる目的であれば必ずしも訴訟と平行する調査が禁じられるわけではないが、裁判類似の手続き、つまり事実を確定し、それに法を適用して具体的な量刑等を結論するような手続きで調査することは、司法権に対する不当な干渉として許されない。

3．誤り。国民審査の対象となるのは最高裁判所の裁判官であり、全ての裁判官ではない（憲法第79条2項）。

4．誤り。最高裁判所の長たる裁判官以外の裁判官は、内閣でこれを任命する（憲法第79条1項）。

5．誤り。最高裁判所の裁判官は、法律の定める年齢に達した時に退官する（憲法第79条第5号）。　**正答　1**

【No. 6】 行政法の法源に関する記述として、妥当なのはどれか。

1. 行政法の法源は、成文法源と不文法源に分けることができ、成文法源には憲法や条理法が含まれ、不文法源には慣習法が含まれる。
2. 法律は、国権の最高機関である国会の議決により制定される法であるから、最上位の成文法源である。
3. 条約は、本来は国家間の約定であり、ただちに国内法としての効力を持つものではないため、行政法の法源となることはない。
4. 判例法は、裁判所において同一内容の判決が繰り返されて、その内容が法として承認されたものであり、行政法の成文法源となる。
5. 命令は、行政機関により制定される法であって、政令、省令及び規則などがあり、行政法の法源となる。

【No. 7】 行政計画に関する記述として、妥当なのはどれか。

1. 行政計画とは、行政権が一定の公目的のために目標を設定し、その目標を達成するための手段を総合的に提示するものであり、その策定には全て法律の根拠が必要である。
2. 行政計画は、国民に対する実質的影響力が大きいため、計画に民意を反映させる仕組みが必要とされており、その策定過程においては必ず議会で審議を行わなければならない。
3. 行政計画のうち、国民に対する法的拘束力を有する例として、都市計画における市街化区域と市街化調整区域との区分がある。
4. 行政計画の策定には、意見書の提出や公聴会の開催などの手続きが要請されるが、これらの計画策定の一般的な手続は、行政手続法に定められている。
5. 最高裁判所は、行政計画のうち、土地区画整理事業計画には処分性がないものとし、事業計画の決定段階での取消訴訟の提起は認められないと判示した。

【解説　No.　6】　　**Ⅰ類事務、Ⅰ類技術**

1．誤り。条理法（権利濫用の禁止、信義誠実の原則、平等原則、比例原則、利益衡量の原則などの法の一般原則）は不文法である。
2．誤り。行政法の法源のなかでも最上位の法源とされるのは憲法である。
3．誤り。条約は、原則として国内法の制定によって法源としての効力を持つが、自動執行的効力がある場合、国内法の制定を待たずに法源としての効力を持つ。
4．誤り。判例法は不文法であり、法として承認されたものではない。
5．正しい。

正答　5

【解説　No.　7】　　**Ⅰ類事務、Ⅰ類技術**

1．誤り。国民に対して法的拘束力を持つ行政計画については、法律の根拠が必要である。一方で、法的拘束力を持たない行政計画については、必ずしも法律の根拠を必要としない。
2．誤り。行政計画には議会の議決を必要とするものもあるが、議会の審議は必ず必要なものではない。
3．正しい。
4．誤り。行政手続法には、行政計画の策定に関する規定はない。
5．誤り。最高裁判所は、土地区画整理事業の事業計画について、いわば青写真にすぎない一般的・抽象的な単なる計画にとどまるものであり、取消訴訟の対象とならないとした従来の判決を見直し、土地区画整理事業計画の決定は、土地所有者の法的地位に変動をもたらすものであるとして、処分取消訴訟の対象とした（最大判平20. 9.10）。

正答　3

【No. 8】　行政行為の効力に関する記述として、妥当なのはどれか。

1. 行政行為の公定力とは、行政行為が違法で、重大かつ明白な瑕疵（かし）があった場合であっても、正当な権限を有する国家機関によって取り消されるまでは、有効なものとして取り扱われる効力である。

2. 行政行為の不可争力とは、法定の一定期間を経過すると、私人の側から行政行為の効力を争うことができなくなる効力であるが、法定の期間経過後に行政庁の側から職権により取り消すことは認められている。

3. 行政行為の執行力とは、行政行為により命ぜられた義務を相手方が履行しない場合に、法律の定めるところにより、行政庁が裁判の判決を受けて、義務の履行を強制し、義務の内容を実現することができる効力である。

4. 行政行為の不可変更力とは、一度行った行政行為について、処分庁は自ら変更できないという効力であるが、その効力は、審査請求に対する裁決など、争訟裁断的性質を持つ行政行為については認められていない。

5. 行政行為の拘束力とは、行政行為がその内容に応じて相手方を一方的に拘束し、それによって権利義務関係を発生させる効力であるが、当該行政行為を行った行政庁には、その効力は一切及ばないとされている。

【解説　No.　８】　　**Ⅰ類事務、Ⅰ類技術**

1．誤り。行政行為に重大かつ明白な瑕疵（かし）があり、当然に無効とされる場合は法的効果も生じず、公定力も認められない。
2．正しい。行政行為の不可争力は形式的確定力ともいう。
3．誤り。行政庁の執行力とは、行政行為により命ぜられた義務を相手方が履行しない場合に、法律に基づき、行政庁が裁判の判決を受けなくても、義務の履行を強制し、義務の内容を実現できるものである。
4．誤り。行政庁の不可変更力は審査請求に対する裁決など、争訟裁断行為に認められているものである。実質的確定力ともいう。
5．誤り。行政行為の拘束力は、行政行為を行った行政庁にも効力が及ぶ。

正答　２

【No. 9】　行政契約に関する記述として、妥当なのはどれか。

1.　行政契約は、行政主体が行政目的達成の手段として締結する契約であり、締結には、必ず法律の根拠が必要である。

2.　行政主体と私人との間で締結される行政契約については、公益的な観点から、契約自由の原則に修正が加えられる場合がある。

3.　給付行政の分野においては、契約方式が採用されており、国による補助金の交付は、給付を受ける相手方との契約により行われている。

4.　規制行政の分野においては、行政行為の形式で行われるため、行政契約という形式が採用されることはない。

5.　行政契約を巡って争いがある場合には、行政事件訴訟法の定める手続きによらなければ、訴訟を提起することができない。

【No. 10】　行政上の即時強制に関する記述として、妥当なのはどれか。

1.　国民が法令の規定や行政行為によって命じられた義務を履行しない場合に、行政機関が国民の身体、財産等に有形力を行使して強制的に義務の実現を図る作用のことを行政上の即時強制という。

2.　行政上の即時強制の発動については、行政機関に裁量が認められており、必ずしも法律の根拠を必要としない。

3.　行政上の即時強制にあたっては、基本的人権の尊重の見地から、具体的な状況に応じた必要最小限度の強制力の行使が認められている。

4.　行政上の即時強制は、緊迫した状況における緊急措置であり、令状主義の機械的適用が困難であることから、刑事責任追及を目的とする即時強制でない場合は、憲法に規定する令状主義の適用の余地はないとするのが判例である。

5.　行政上の即時強制は、行政機関の事実行為であるから、身柄の収容など権力的な即時強制の実施によって継続して不利益状態に置かれている者が提訴するには、不服申立てや行政事件訴訟ではなく民事訴訟によらなければならない。

【解説　No.　９】　**Ⅰ類事務、Ⅰ類技術**

1．誤り。行政契約の締結には、必ずしも法律の根拠は必要でない。
2．正しい。給水契約など、給付行政の分野におけるサービス提供において、契約自由の原則が制限されることがある。
3．誤り。地方公共団体が行う補助金とは異なり、国が行う補助金の交付決定は、「補助金等に係る予算の執行の適正化に関する法律」に基づく行政処分とされている。
4．誤り。行政契約による規制行政の例として、地方公共団体と事業者が公害防止協定を締結し、法律の定めより厳しい規制を行うことが挙げられる。
5．誤り。公法上の契約には行政訴訟手続きが適用されるが、私法上の契約には民事訴訟手続きが適用される。

正答　２

【解説　No.　10】　**Ⅰ類事務**

1．誤り。法令や行政行為によって事前に義務が課せられている場合の強制は、強制執行である。
2．誤り。即時強制は、法律の明確な授権がなければ行い得ない。
3．正しい。
4．誤り。川崎民商事件判決では、「刑事責任追及を目的とする強制行為でないからといって当然に令状主義の適用の範囲外にあるということはできない」と判示している（最大判昭47.11.22）。
5．誤り。強制入院のように継続している即時強制の場合は、取消訴訟を提起して即時強制自体を取り消すことになる。

正答　３

【No. 11】　行政罰に関する記述として、妥当なのはどれか。

1.　行政罰には、行政刑罰と行政上の秩序罰があり、行政刑罰として罰金や拘留を科すことができるが、禁錮や懲役を科すことはできない。

2.　行政刑罰は、刑法犯と異なり、行政上の義務違反に対する制裁であるという点で形式犯的要素が強いことから、刑法総則が適用されることはない。

3.　行政刑罰では、被用者や従業員が違法な行為をした場合に、その使用者や事業主もあわせて処罰することはできない。

4.　最高裁判所の判例では、行政上の秩序罰と刑罰を併科しても、憲法第39条の二重処罰の禁止には違反しないとしている。

5.　行政上の秩序罰は、地方公共団体の長によって科されるものであり、裁判所によって科されることはない。

【解説 No. 11】 **Ⅰ類事務、Ⅰ類技術**

1．誤り。行政刑罰は刑法に定められた罰で、禁錮や懲役も該当する。

2．誤り。行政刑罰には刑法総則が適用される。

3．誤り。行政刑罰には、違反行為者だけでなくその使用者等にも刑罰を科すものがある（両罰規定・道路交通法第123条等）。

4．正しい（最二小判昭39. 6．5）。

5．誤り。秩序罰は、特に法令で定めがない限り、非訟事件手続法の手続きにより裁判所で判断される（同法第119条）。

正答 4

【No. 12】 行政事件訴訟の分類に関する次の記述の空欄に当てはまる語句の組合せとして、妥当なのはどれか。

行政事件訴訟は、主観訴訟と客観訴訟に大別され、主観訴訟はさらに [A] と [B] に、客観訴訟は [C] と [D] に分けられる。主観訴訟のうち、行政庁の公権力の行使に関する不服の訴訟を [A] といい、法主体間で公法上の法律関係を争う訴えを [B] という。客観訴訟のうち、国又は公共団体の機関の法規に適合しない行為の是正を求める訴訟で、自己の法律上の利益にかかわらない資格で提起するものを [C] といい、国又は公共団体相互間における権限の存否又はその行使に関する紛争についての訴訟を [D] という。

	A	B	C	D
1.	抗告訴訟	当事者訴訟	機関訴訟	民衆訴訟
2.	抗告訴訟	当事者訴訟	民衆訴訟	機関訴訟
3.	抗告訴訟	民衆訴訟	機関訴訟	当事者訴訟
4.	当事者訴訟	抗告訴訟	機関訴訟	民衆訴訟
5.	当事者訴訟	抗告訴訟	民衆訴訟	機関訴訟

【解説　No.　12】 **Ⅰ類事務**

主観訴訟は、行政庁の公権力の行使に関する不服の訴訟である「抗告訴訟」Aと、権利主体間の権利義務の争いを直接に解決するための「当事者訴訟」Bに分けられる。また、客観訴訟は、国または公共団体の機関の法規に適合しない行為の是正を求める訴訟で、選挙人たる資格その他自己の法律上の利益にかかわらない資格で提起する「民衆訴訟」Cと、国または公共団体の機関相互間の権限の存否またはその行使に関する紛争についての訴訟である「機関訴訟」Dに分けられる。

したがって、2が正しい。

正答　2

【No. 13】　行政不服審査法に定める不服申立てに関する記述として、妥当なのはどれか。

1. 行政庁の処分又は不作為に不服がある者は、適用除外の場合に該当しない限り、異議申立て、審査請求、再審査請求のいずれかをすることができる。
2. 行政庁の処分について、行政不服審査法以外の法律に再審査請求が可能な旨の定めがなくても、当該処分についての審査請求の裁決に不服がある者は、再審査請求をすることができる。
3. 審査請求は、審査請求書を提出して行わなければならないため、口頭で審査請求をすることはできない。
4. 行政不服審査会は諮問機関であるため、調査権限を認められておらず、審査請求人や審査会に諮問した審査庁などの審査関係人に対し、主張書面や資料の提出を求めることはできない。
5. 処分庁の上級行政庁又は処分庁が審査庁である場合は、審査請求人の申立てにより又は職権で執行停止をすることができる。

【解説　No.　13】　　**Ⅰ類事務、Ⅰ類技術**

1．誤り。異議申し立ては、平成26年の行政不服審査法改正により廃止された。

2．誤り。再審査請求は、行政不服審査法や個別法の要件を満たした場合にのみ認められている（行政不服審査法第6条第1項）。

3．誤り。原則は書面によることとされているが、個別に法律等で口頭による請求が可能とされていれば、その限りではない（行政不服審査法第19条第1項）。

4．誤り。行政不服審査会には調査権限が認められており、主張書面や資料の提出を求めることができる（行政不服審査法第74条）。

5．正しい（行政不服審査法第25条第2項）。

正答　5

【No. 14】　行政事件訴訟法に定める執行停止及び内閣総理大臣の異議に関する記述として、妥当なのはどれか。

1. 行政事件訴訟法は、執行停止の内容として、処分の効力の停止、処分の執行の停止、手続の続行の停止を定めているが、処分の執行の停止又は手続の続行の停止により目的が達せられる場合は、処分の効力の停止をすることはできない。
2. 行政処分は、取消訴訟が提起されても原則として執行不停止であるが、処分の執行により原告に重大な損害が生じると裁判所が判断した場合は、原告からの申立てによることなく、職権で当該行政処分の執行を停止することができる。
3. 執行停止の申立てがあった場合、内閣総理大臣は、裁判所に対して異議を述べることによって執行停止を阻止できるが、異議を述べたのが既に裁判所が執行停止の決定をしたあとであった場合は、裁判所は執行停止を取り消さなくてよい。
4. 行政事件訴訟法において内閣総理大臣は、異議を述べたときは国会にこれを報告して承認を得なければならず、国会の承認が得られない場合は、当該異議は効力を失うとしている。
5. 内閣総理大臣が異議を述べる際は、執行停止がなされた場合における公共の福祉に重大な影響を及ぼすおそれのある事情を示す理由が付されることから、裁判所は、その理由の妥当性を実質的に審査する権限を有している。

【解説　No.　14】　　**Ⅰ類事務**

1．正しい（行政事件訴訟法第25条第２項）。
2．誤り。原告からの申し立てが必要である（行政事件訴訟法第25条第２項）。
3．誤り。既に執行停止の決定をしているときは、これを取り消さなければならない（行政事件訴訟法第27条第４項）。
4．誤り。異議を述べたときは、次の常会に報告することとされている（行政事件訴訟法第27条第６項）。
5．誤り。前半はそのとおり（行政事件訴訟法第27条第３項）。内閣総理大臣が異議を述べた際、裁判所は執行停止をすることができない、とのみ定められている（同条第４項）。

正答　1

【No. 15】　国と普通地方公共団体の関係に関する記述として、妥当なのはどれか。

1.　普通地方公共団体に対する国の関与には、必ずしも法律又はこれに基づく政令の定めを必要としない。

2.　普通地方公共団体に対する国の関与の類型として、助言又は勧告、資料の提出の要求、是正の要求等があるが、いずれも自治事務に限って行うことができる。

3.　普通地方公共団体の事務に関する国の権力的関与についての係争処理機関として、内閣府に国地方係争処理委員会が設置されている。

4.　国地方係争処理委員会は、審査を行い、国の関与が違法であると認めた場合は、国の行政庁に対して必要な措置を講じるよう勧告等を行う。

5.　普通地方公共団体は、国地方係争処理委員会の措置に不服があった場合でも、国の行政庁を被告にして高等裁判所に訴訟を提起することはできない。

【No. 16】　普通地方公共団体の長及び議会の議員の選挙に関する記述として、妥当なのはどれか。

1.　年齢満18年以上で引き続き３箇月以上、当該市町村の区域内に住所を有する者は、日本国民に限らず、当該市町村の議会の議員の選挙権を有する。

2.　年齢満25年以上で引き続き３箇月以上、当該市町村の区域内に住所を有する日本国民は、当該市町村長の被選挙権を有する。

3.　年齢満30年以上の日本国民は、当該都道府県の区域内に住所を有していなくても、当該都道府県の知事の被選挙権を有する。

4.　普通地方公共団体の長の選挙において選挙権を有する者が、３箇月以内に同一都道府県内で２回以上住所を移したときは、選挙権を失う。

5.　被選挙権の資格年齢は、立候補時点では資格年齢に達していなくても、選挙期日の前日までに達していればよい。

【解説　No.　15】　**Ⅰ類事務**

1．誤り。関与には法令の根拠が必要である（関与の法定主義・地方自治法第245条の２）。

2．誤り。是正の要求は、原則として自治事務に対する関与とされているが、助言・勧告、資料の提出の要求は、自治事務以外に法定受託事務に関しても行うことができる。

3．誤り。国地方係争処理委員会は、総務省に置く（地方自治法第250条の７第１項）。

4．正しい（地方自治法第250条の14第１項）。

5．誤り。訴訟を提起することができる（地方自治法第251条の５第１項第１号）。

正答　4

【解説　No.　16】　**Ⅰ類事務**

1．誤り。現在、国政・地方を問わず、選挙権・被選挙権は日本国籍を有する者にしか認められておらず、外国人には認められていない。

2．誤り。都道府県知事と市町村長の被選挙権は、その地方公共団体の住民であることは必要としない（地方自治法第19条第２～３項）。

3．正しい（地方自治法第19条第２項）。

4．誤り。選挙人名簿への登録は、登録市町村の区域内に住所を有しなくなってから４カ月を経過していないものも対象となる（公職選挙法第21条第２項）。

5．誤り。例えば「年齢満30年以上」とは、出生の翌年を第１年として30年目の誕生日の前日に達していることをいう（高裁判昭54.11.22）。

正答　3

【No. 17】　地方自治法に定める直接請求に関する記述として、妥当なのはどれか。

1.　直接請求は、間接民主制を補完し、住民自治の理念を実現する手段として保障されている住民の参政権である。

2.　普通地方公共団体の長は、条例の制定又は改廃の請求があったときは、10日以内に請求の要旨を公表し、請求を受理した日から30日以内に議会を招集し、意見を付けてこれを議会に付議しなければならない。

3.　事務の監査請求の対象となる事項は、当該地方公共団体の事務であるが、自治事務のうち監査委員の権限とされる財務会計事務に限られる。

4.　普通地方公共団体の議会の解散請求は、当該地方公共団体の区域内に住所を有する者であれば、日本国籍を有するかどうかを問わず、住民の総数の10分の１以上の者の連署をもって行うことができる。

5.　解職の請求に基づき行われる選挙人の投票において、３分の２以上の同意があったときは、普通地方公共団体の議会の議員又は長は、その職を失う。

【No. 18】　地方自治法に定める議会の調査権に関する記述として、妥当なのはどれか。

1.　調査権の対象は地方公共団体の事務全般であるが、法定受託事務については、国の安全を害するおそれがあることから、全て調査の対象とはならない。

2.　当該地方公共団体の事務であれば、将来議題に上がるべき基礎事項や世論の焦点になっている事件についても調査することができる。

3.　公務員には守秘義務が課されているため、公務員の職務上の秘密については、議会はいかなる場合でも証言又は記録の提出を請求することはできない。

4.　調査権は、緊急の場合は、議会の議決に基づくことなく議長の専決により行使することができる。

5.　議会は、当該普通地方公共団体の事務に関する調査を行うとき、関係人の証言を請求できるが、関係人が正当な理由なく拒否した場合でも、罰則の適用はない。

【解説　No.　17】　**Ⅰ類事務、Ⅰ類技術**

1．正しい。
2．誤り。条例の制定改廃請求があった場合は、直ちに請求の要旨を公表し、請求受理の日から20日以内に議会に付議しなければならない（地方自治法第74条第2～3項）。
3．誤り。監査請求の対象となる事務は、その地方公共団体の事務であり、財務に限らずその事務の執行全般に及ぶ。
4．誤り。議会の解散請求は、その地方公共団体の議員・長の選挙権を有する者（日本国籍を有する者）が、その総数の3分の1以上の者の連署をもって行う（地方自治法第76条第1項）。
5．誤り。解職請求における失職要件は、解職の投票において過半数の同意があった場合とされている（地方自治法第83条）。

正答　1

【解説　No.　18】　**Ⅰ類事務、Ⅰ類技術**

1．誤り。法定受託事務も対象となるが、国の安全を害するおそれがあるものなど、政令で定めるものを除くこととされている（地方自治法第100条第1項）。
2．正しい（行政実例昭23.10.12）。
3．誤り。選挙人その他の関係人が、公務員として知り得た事実として職務上の秘密であることを申し立てた場合は、議会は当該官公署の承認がなければ証言または記録の提出を請求することができない（地方自治法第100条第4項）。
4．誤り。当該地方公共団体の事務のうち、いかなる範囲のものについて調査権を行使するかを議決するべきとされている（行政実例昭29.9.15）。
5．誤り。この場合の罰則は、6カ月以下の禁錮または10万円以下の罰金とされている（地方自治法第100条第3項）。

正答　2

【No. 19】　地方自治法における普通地方公共団体の長の権限に関する記述として、妥当なのはどれか。

1.　長が担任する事務は、その具体的内容が地方自治法第149条に制限列挙されている。

2.　長は、その権限の全部又は一部を長以外の者に行使させることができるが、地方自治法に定められている方法は、代理に限られる。

3.　長に事故があるときは、副知事又は副市町村長がその職務を代理し、さらに副知事若しくは副市町村長にも事故があるときは、議会の任命する当該普通地方公共団体の職員が長の職務を代理する。

4.　長が、その補助機関である職員に臨時に代理させることのできる事務の範囲は、法令によって定められており、議会の解散や副知事及び副市長村長の選任権がこれに該当する。

5.　長は、その権限に属する事務の一部を、当該普通地方公共団体の委員会又は委員と協議して、普通地方公共団体の委員会等に委任することができる。

【解説　No.　19】

1．誤り。地方自治法149条は制限列挙ではなく、長の権限のうち主要なものを概括的に例示しているものである。

2．誤り。長の権限の代行制度として、職務代理、権限委任、補助執行等が挙げられる。

3．誤り。前半はそのとおり。後半は、長の指定する職員が職務を代理し、さらに長の指定する職員がないときは、規則で定めた上席の職員が代理する（地方自治法第152条第２～３項）。

4．誤り。職務代理者が長の職務を代理し得る範囲は原則として長の職務権限全てに及ぶが、議会の解散や副知事等の選任のような長の身分・資格を要件として行使する権限については、代理権は及ばないものと解されている。

5．正しい（地方自治法第180条の２）。

正答　5

【No. 20】　地方自治法に定める長の補助機関に関する記述として、妥当なのはどれか。

1. 普通地方公共団体の長は、副知事及び副市町村長の任期中であっても、いつでも解職することができ、副知事又は副市町村長の同意があれば、自らの任期限をもって副知事又は副市町村長の任期限とすることができる。
2. 選挙権及び被選挙権の欠格事由に該当する者は、副知事及び副市長村長になることはできないとされているが、衆議院議員等との兼職及び兼業は禁止されていない。
3. 会計管理者は、普通地方公共団体に1人置くこととされているが、条例の定めにより会計管理者を置かずに、副知事又は副市町村長にその事務を行わせることができる。
4. 普通地方公共団体の長、副知事若しくは副市町村長又は監査委員と親子、夫婦又は兄弟姉妹の関係にある者は、会計管理者となることができず、在職中にそのような関係が生じたとき、会計管理者はその職を失う。
5. 普通地方公共団体の長は、権限に属する事務に関し必要な事項を調査するため、常勤の専門委員を置くことができ、議会の同意を得て学識経験者の中から長が選任する。

【解説　No.　20】　**Ⅰ類事務、Ⅰ類技術**

1．誤り。前半はそのとおり。副知事・副市町村長の任期は４年とされている（地方自治法第163条）。

2．誤り。前半はそのとおり（地方自治法第164条第１項）。副知事・副市町村長は、衆議院議員等との兼職及び兼業が禁止されている（同第166条第１～２項）。

3．誤り。会計管理者は、長がその補助機関である職員のうちから１名を命ずることとされている（地方自治法第168条第１～２項）。

4．正しい（地方自治法第169条第１～２項）。

5．誤り。長の委託を受けて、その権限に属する事務に関して必要な事項を調査するものとして、常設または臨時の専門委員を置くことができる。なお、専門委員は非常勤とされている（地方自治法第174条第１～４項）。

正答　4

【No. 21】　地方自治法に定める長の不信任議決に関する記述として、妥当なのはどれか。

1.　議会において、不信任の議決がなされたときは、議長は10日以内にその旨を長に通知しなければならず、長はその通知を受理した日から20日以内に議会を解散することができる。

2.　長の不信任の議決は、議員の４分の３以上の者が出席し、その過半数の者の賛成が必要である。

3.　長の不信任の議決には、不信任議決の内容を有していることが明確で、法定の要件を満たしている辞職勧告決議や信任案の否決も含まれると解される。

4.　議会が非常災害による応急復旧施設のための経費を削除又は減額したときは、長は、その議決を不信任の議決とみなして議会を解散させることができる。

5.　長が議会を解散後、初めて召集された議会において、議員数の４分の３以上の者が出席し、３分の２以上の者により再び不信任の議決があったときは、長は、再び議会を解散することができる。

【解説　No.　21】　　**Ⅰ類事務、Ⅰ類技術**

1．誤り。議会が不信任議決をしたときは、直ちに議長から長に通知することを要し、長は、その通知を受けた日から10日以内に議会を解散することができる（地方自治法第178条第１項）。

2．誤り。不信任議決の要件は、議員数の３分の２以上の者が出席し、その４分の３以上（長による議会解散後に行う再度の不信任議決にあっては過半数）の同意が必要とされている（地方自治法第178条第３項）。

3．正しい。不信任議決は、必ずしも不信任案を可決した場合に限らず、客観的に不信任の議決と認められれば足りると解されている。

4．誤り。議会が非常費の削除・減額を議決した場合、長は理由を示して再議に付さなければならず、再議の結果、議会が同様の議決をした場合において、それを不信任議決とみなすことができる（地方自治法第177条第１項第２号、第３項）。

5．誤り。解散後の再度の不信任議決の要件は、選択肢２．の解説を参照のこと。また、解散後初めて召集された議会において不信任の議決があり、議長から長に対してその旨の通知があったときには、長は選択の余地なく当然に失職する（地方自治法第178条第２項）。

正答　3

【No. 22】　地方自治法に定める決算に関する記述として、妥当なのはどれか。

1.　議会の決算認定の効果は、執行機関の予算執行に関する法的責任を解除するものであるため、議会が認定した後は、決算の中に違法な支出が判明しても事務執行上の法的責任は追及できない。

2.　議会の審議に先立って行われる監査委員の審査では、決算の合法性についてのみ審査し、違法なものがあったときは、監査委員は決算審査意見書を知事に提出しなければならない。

3.　決算の結果生じた歳計剰余金は、原則として翌年度に繰り越さなければならないが、条例又は議決により、その全部又は一部を基金に編入することができる。

4.　給与の会計年度所属区分は、現金主義に基づき、実際に支給した日の属する年度である。

5.　出納整理期間は、現金の未収・未払を整理する期間であり、会計年度が終了する前の一定期間がこれに当たる。

【No. 23】　地方自治法に定める現金及び有価証券に関する記述として、妥当なのはどれか。

1.　歳計現金とは、地方公共団体の歳入歳出に属する現金のことであり、歳計現金であるかどうかは歳入歳出となるか否かによって決定される。

2.　歳計現金は、最も有利かつ安全な方法によって保管しなければならず、指定金融機関への預金のほか、株式等の形態で保管される。

3.　歳入歳出外現金とは、地方公共団体の所有に属する現金のうち、法令によらないで保管できる現金のことをいう。

4.　歳入歳出外現金の出納及び保管は、歳計現金の出納及び保管とは異なり、会計管理者の職務権限には属さない。

5.　現金又は有価証券を保管する職員が、現金又は有価証券を故意又は過失により亡失したときは、原則としてこれによって生じた損害を賠償しなければならない。

【解説　No.　22】　　**Ⅰ類事務**

1．誤り。決算認定後に不当な支出を発見した場合でも、時効により消滅するまでの期間であれば、長は損害賠償を命ずることができる。

2．誤り。監査委員の監査は、決算の合法性のほかにも計算に過誤がないか、実際の収支が収支命令に符合するかなどの観点で行われる。

3．正しい（地方自治法第233条の２）。

4．誤り。給与の会計年度所属区分は、これを支給すべき事実の生じたときの属する年度とされている（地方自治法施行令第143条第２号）。

5．誤り。出納整理期間は、その会計年度経過後から出納閉鎖（５月31日）までの期間のことをいう。

正答　3

【解説　No.　23】　　**Ⅰ類事務、Ⅰ類技術**

1．正しい。

2．誤り。歳計現金は、最も確実かつ有利な方法により保管しなければならず（地方自治法第235条の４第１項）、預金以外の方法としては、証券会社からの買い現先が認められている（行政実例昭57．7．20）。

3．誤り。歳入歳出外現金は、法令の定めがなければ保管することができない（地方自治法第235条の４第２項）。

4．誤り。会計管理者の職務権限には、歳入歳出外現金の出納及び保管も含まれると解されている（行政実例昭28．4．13）。

5．誤り。職員の賠償責任は、故意または重大な過失（現金については故意または過失）があった場合に対象となる（地方自治法第243条の２の２第１項）。

正答　1

【No. 24】　地方自治法に定める住民監査請求及び住民訴訟に関する記述として、妥当なのはどれか。

1.　住民監査請求ができるのは、地方公共団体の区域内に住所を有し、選挙権を持つ者に限られる。
2.　住民監査請求の請求権者は地方公共団体の住民であればよいため、自然人のみならず法人も住民監査請求をすることができる。
3.　住民監査請求の請求権者は、違法又は不当な行為のあった日又は当該行為の終わった日から３年を経過したときは、住民監査請求をすることができない。
4.　住民訴訟は、住民監査請求を行った住民が、直接長その他職員に対して提起することが認められているため、請求の相手方となる当該職員は、違法に職権を行使したこと等に基づく個人としての責任を問われるものである。
5.　住民訴訟は、住民監査請求の手続きを経ていることを前提としているため、地方公共団体の執行機関又は職員による違法な財務会計上の行為についてだけでなく、不当な行為についても対象となる。

【No. 25】　地方自治法に定める外部監査契約に基づく監査に関する記述として、妥当なのはどれか。

1.　包括外部監査契約は、都道府県、指定都市及び中核市に義務付けられているが、条例により外部監査を行うことを定めた市町村であれば、契約を締結することができる。
2.　都道府県の長は、毎会計年度、当該会計年度に係る包括外部監査契約を締結しなければならず、契約の始期は４月１日と定められている。
3.　個別外部監査契約は、住民や議会等の監査の請求又は要求がある場合に、監査委員の監査に加えて住民が選任した監査人による監査を受けることを内容とする契約である。
4.　普通地方公共団体の長は、包括外部監査契約を締結する場合において、これまで契約を締結したことがある者と、再び契約を締結することはできない。
5.　監査委員は、包括外部監査人から提出された監査結果を公表し、かつ、提出された監査結果に必ず意見を付した上で、普通地方公共団体の議会及び長に提出しなければならない。

【解説　No.　24】　Ⅰ類事務、Ⅰ類技術

1．誤り。住民監査請求は、住民であれば国籍、選挙権、納税の有無を問わない。

2．正しい（行政実例昭23.10.30）。

3．誤り。請求は、正当な理由がない限り、怠る事実を除き、その行為のあった日または終わった日から1年を経過したときはすることができない（地方自治法第242条第2項）。

4．誤り。住民訴訟は、職員またはその行為や怠る事実に係る相手方に対して損害賠償や不当利得返還を請求することを、地方公共団体の執行機関に求める請求とされている。

5．誤り。住民訴訟は住民監査請求と異なり、財務会計上の「違法な行為または怠る事実」のみが対象となり、「不当な行為または怠る事実」は対象とならない。

正答　2

【解説　No.　25】　Ⅰ類事務

1．正しい（地方自治法第252条の36第1～2項、同法施行令第174条の49の26）。

2．誤り。前半はそのとおりだが（地方自治法第252条の36第1項）、契約の始期は、契約で定めることとされている（同条第5項第1号）。

3．誤り。個別外部監査契約は、包括外部監査契約と同様に監査委員の意見を聴いた上で、議会の議決を経て長が締結する。

4．誤り。包括外部監査契約は、連続して4回、同一の者と締結することができないとされている（地方自治法第252条の36第4項）。

5．誤り。監査委員は、包括外部監査人から報告の提出があったときは、これを公表しなければならない（地方自治法第252条の38第3項）。また、監査委員は、包括外部監査人の監査結果に関して必要があると認めるときは、議会や長、委員会に対して意見を提出することができる（同条第4項）。

正答　1

【No. 26】　地方公務員法に定める人事委員会に関する記述として、妥当なのはどれか。

1.　人事委員会の委員は、そのうちの２人以上が同一の政党に属することとなったとき、いずれの委員も失職することとなる。

2.　人事委員会の委員は非常勤とされているため、原則として職員の服務に関する規定が準用されるが、政治的行為の制限に関する規定は準用されない。

3.　人事委員会の委員が、その職務上知り得た秘密を漏らしたことにより罰金刑に処された場合、地方公共団体の長は、議会の同意を得て当該委員を罷免しなければならない。

4.　人事委員会は、委員全員が出席しなければ会議を開くことができないが、委員会の会議で決定すべき事項について、会議を招集することなく、持ち回りによって決定することができる。

5.　人事委員会は、不利益処分の審査に際し、証人を喚問し、又は書類の提出を求めることができ、これに正当な理由なく応じない者には、罰則の適用がある。

【No. 27】　地方公務員法に定める臨時的任用に関する記述として、妥当なのはどれか。

1.　地方公務員法は、臨時又は非常勤の顧問、参与、調査員、嘱託員等について、臨時に任用される臨時的任用職員であると定めている。

2.　人事委員会を置く地方公共団体は、臨時の職に関する場合及び採用候補者名簿がない場合のみ、臨時的任用を行うことができる。

3.　任命権者は、臨時的任用職員がその職務を良好な成績で遂行した場合、条例で定めるところにより、優先的に正式任用することができる。

4.　臨時的任用職員は、正式任用された職員とは異なり、勤務条件の措置要求を行うことや職員団体に加入することはできない。

5.　臨時的任用職員は、その意に反して分限処分・懲戒処分を受けても、不利益処分に関する審査請求を求めることはできない。

【解説　No.　26】　**Ⅰ類事務、Ⅰ類技術**

1．誤り。同一政党に属する者のうち一人を除く他の者は、長が議会の同意を得て罷免することとされている（地方公務員法第９条の２第５項）。

2．誤り。人事委員会の委員は、常勤または非常勤とされている（地方公務員法第９条の２第11項）。また、政治的行為の制限に関する規定が準用される（同条第12項）。

3．誤り。欠格条項に該当するため、失職となる（地方公務員法第９条の２第８項）。

4．誤り。前半はそのとおり（地方公務員法第11条第１項）。委員会の会議で決定すべき事項を、会議を招集することなく持ち回りによって決定することはできない（行政実例昭34. 3.27）。

5．正しい（地方公務員法第61条第１号）。

正答　5

【解説　No.　27】　**Ⅰ類事務、Ⅰ類技術、Ⅱ類**

1．誤り。これらの職は、地方公務員の特別職に該当する（地方公務員法第３条第３項第３号）。

2．誤り。常時勤務を要する職に欠員を生じた場合において、緊急のとき、臨時の職に関するとき、または採用候補者名簿がないときに臨時的任用を行うことができる（地方公務員法第22条の３第１項）。

3．誤り。臨時的任用は、正式任用に際して、いかなる優先権をも与えるものではない（地方公務員法第22条の３第５項）。

4．誤り。臨時的任用職員も、勤務条件の措置要求や職員団体に加入することができる（地方公務員法第22条の３第６項）。

5．正しい（地方公務員法第29条の２第１項第２号）。

正答　5

【No. 28】　地方公務員法に定める離職に関する記述として、妥当なのはどれか。

1.　失職は、職員が一定の事由により当然にその職を失うことであり、具体的には、職員をその意に反して離職させる分限免職及び懲戒免職などがある。

2.　定年制の導入、定年の定め方及び再任用等の基本的事項については条例で定め、定年年齢等の具体的事項については規則で定める。

3.　定年退職による離職の法的効果は、定年に達した職員が任命権者から定年退職させる旨の辞令交付を受けたときに生じると解されている。

4.　退職願の撤回は、退職処分の辞令を交付される前においては、信義則に反しない限り原則自由である。

5.　職員がその身分を失う離職のうち、地方公務員法に規定されているものは、失職、退職及び辞職が挙げられる。

【No. 29】　地方公務員法に定める再任用に関する記述として、妥当なのはどれか。

1.　再任用制度の意義は、定年退職後の職員の生活を雇用と年金によって支えることであり、その業務は臨時的又は補助的なものと定めている。

2.　再任用される職員は、任命権者が行う従前の勤務実績等に基づく選考によって採用される。

3.　再任用職員の任期は、原則として１年を超えない範囲内で定めなければならないが、特段の事情がある場合は、１年を超えて任期を定めることもできる。

4.　地方公務員法では、再任用職員については分限、懲戒、服務等に関する規定は適用されないと定められている。

5.　定年前に勧奨退職した職員は、定年の年齢に達していなくても、再任用職員として採用することができる。

【解説 No. 28】 Ⅰ類事務

1．誤り。離職は職員が一定の事由により当然に離職する「失職」と、任命権者の行政処分により離職する「退職」に大別される。分限免職及び懲戒免職は退職に分類される。

2．誤り。定年制の導入、定年の定め方及び再任用等の基本事項については法律で定め、定年年齢等の具体的な事項は条例で定めることとされている（地方公務員法第28条）。

3．誤り。職員は、定年に達したときは、定年に達した日以後における最初の３月31日までの間において、条例で定める日に退職する（地方公務員法第28条の２）。辞令交付は、法的効果の発生要件ではない。

4．正しい。退職願は、退職処分の辞令交付前であれば、信義則に反しない限り自由に撤回しうる（最判昭34．６．26）。

5．誤り。職員がその身分を失う離職のうち、地方公務員法に規定されているものは、失職及び退職である。辞職に関しては地方公務員法には規定されていない。

正答 4

【解説 No. 29】 Ⅰ類事務、Ⅰ類技術、Ⅱ類

1．誤り。再任用制度の意義は、定年退職者等の能力及び経験の活用と、定年退職後の職員の生活を雇用と年金によって支えるものであり、前半は正しい。地方公務員法は、再任用職員の業務内容を臨時的または補助的な業務とは定めていない。

2．正しい。任命権者は、当該地方公共団体の定年退職者等を、従前の勤務実績等に基づく選考により、１年を超えない範囲内で任期を定め、常時勤務を要する職に採用することができる（地方公務員法第28条の４）。

3．誤り。地方公務員法は、再任用職員の任期は１年を超えない範囲で定めるとしており、１年を超える任期を定めることはできない（地方公務員法第28条の４）。

4．誤り。再任用職員にも分限・懲戒・服務に関する規定は適用される。

5．誤り。職員が、採用しようとする職に係る定年に達していないときは再任用として採用できない（地方公務員法第28条の４）。

正答 2

【No. 30】 地方公務員法に定める懲戒に関する記述として、妥当なのはどれか。

1. 地方公務員法は、懲戒の事由として、勤務実績が良くない場合又は職務を怠った場合を定めている。
2. 懲戒免職処分は、職員の責に帰すべき事由があることから、労働基準監督機関の認定を受けたときは、直ちに免職できる。
3. 懲戒処分は、地方公務員法で戒告、減給、停職、免職の４種類に限定されているが、懲戒処分事由は、条例で定められている。
4. 懲戒処分の手続及び効果は、条例で定めることとされ、条例で懲戒処分を消滅させる旨の規定を定めることができる。
5. 任命権者は、一つの義務違反に対して複数の処分を併科することも、複数の義務違反に対して一つの懲戒処分を行うこともできる。

【No. 31】 地方公務員法に定める服務の根本基準及び服務の宣誓に関する記述として、妥当なのはどれか。

1. 職員は、条例の定めるところにより、任命権者に対し服務の宣誓をしなければならないと規定されている。
2. 職員は、全体の奉仕者として公共の福祉のために勤務しなければならず、無定量な勤務に服する場合があることが地方公務員法に明記されている。
3. 職務上の義務とは、職員が職務を遂行するに当たって守るべき義務をいい、営利企業への従事等の制限は、職務上の義務に該当する。
4. 服務とは、職務に服する職員が守るべき義務ないし規律をいい、このうち、秘密を守る義務については退職後においても適用される。
5. 職員の服務上の義務は、採用後に服務の宣誓を行うことによって生じるとされている。

【解説　No.　30】　　　　　　　　　　　　Ⅰ類事務、Ⅰ類技術、Ⅱ類

1．誤り。地方公務員法は、懲戒処分の事由の一つとして「職務上の義務に違反し、または職務を怠った場合」を定めているが、勤務実績が良くない場合は定めていない。勤務実績が良くない場合を処分事由とするのは分限処分である（地方公務員法第28条及び29条）。

2．正しい。労働者の責めに帰すべき事由に基づいて解雇する場合に、その事由について行政官庁の認定を受けたときは、予告等を要せず解雇することができる（労働基準法第20条）。

3．誤り。懲戒の事由については、全て地方公務員法の定めるところに限られ、条例等で定めることはできない（地方公務員法第27条第３項）。

4．誤り。懲戒処分の手続及び効果は、別に法律の定めがあるものを除き、条例で定める。条例で一定の場合に懲戒を取り消す規定や、執行猶予の規定を設けたりすることはできない。

5．誤り。懲戒を行うかどうか、またどの種類の処分を選択するかは、任命権者の裁量により、数個の義務違反に対して一つの懲戒処分を行うことはできる。ただし、一つの義務違反に対して２種類以上の懲戒処分の併科は行うことはできない。

正答　2

【解説　No.　31】　　　　　　　　　　　　Ⅰ類事務、Ⅰ類技術、Ⅱ類

1．誤り。職員は、条例の定めるところにより、服務の宣誓をしなければならない（地方公務員法第31条）。「任命権者に対して」という文言は用いられてない。

2．誤り。全て職員は、全体の奉仕者として公共の利益のために勤務し、かつ、職務の遂行に当たっては、全力を挙げてこれに専念しなければならない（地方公務員法第30条）。無定量な勤務に服することについて明記はされていない。

3．誤り。営利企業への従事等の制限は、職務上の義務ではなく、身分上の義務に該当する。

4．正しい。職員は、職務上知り得た秘密を漏らしてはならない。その職を退いた後も、また、同様とする（地方公務員法第34条第１項）。

5．誤り。服務の宣誓とは、職員が服務上の義務を負うことを確認し、宣言する行為であるが、職員の服務上の義務は、服務の宣誓によってではなく採用によって当然に生じる。

正答　4

【No. 32】　地方公務員法に定める信用失墜行為の禁止に関する記述として、妥当なのはどれか。

1. 信用失墜行為は、倫理上の行為規範ではなく法律上の規範であることから、信用失墜行為に当たるか否かは、任命権者が社会通念に基づき判断するものではない。
2. 信用失墜行為の禁止に該当する行為とは、職員が職務を遂行する上での職員の勤務時間内における行為を指し、勤務時間外の行為については含まれない。
3. 全体の奉仕者としてふさわしくない非行があった場合に、その行為が公務員の身分を前提としたものでなくても、地方公務員法の信用失墜行為に該当する。
4. 職員が職務と無関係な一市民として法令に違反した場合は、信用失墜行為に該当することはない。
5. 職員の信用失墜行為は、戒められるべき行為であり、信用失墜行為の禁止に違反したときは、地方公務員法が定める罰則が適用されるとともに、懲戒処分の対象になる。

【解説　No.　32】　**Ⅰ類事務、Ⅰ類技術、Ⅱ類**

1．誤り。信用失墜行為の禁止は、職員の倫理上の行為規範を法律上の規範としたものである。具体的にどのような行為が信用失墜行為に該当するかは、一般的な基準は立てがたく、任命権者が社会通念に基づいて個々の場合に応じて判断する。

2．誤り。信用失墜行為とは、その職の信用を傷つけ、または職員の職全体の不名誉となる行為であり、勤務時間外の行為も含まれる。

3．正しい。職務に関係しない個人としての行為であっても信用失墜行為に該当する。

4．誤り。職務と無関係な一市民として法令に違反した場合でも、職員が地方公務員としての身分を有している以上、「職員の職全体の不名誉となるような行為」に該当する場合がある。

5．誤り。信用失墜行為の禁止に違反した者は、懲戒処分の対象となるが、地方公務員法の罰則の適用はない。

正答　3

【No. 33】　地方公務員法に定める政治的行為の制限に関する記述として、妥当なのはどれか。

1.　条例により、地方公務員法が定める事項以外の政治的行為の制限を定めることはできるが、地方公務員法が定める事項以外の政治目的の制限を定めることはできない。
2.　職員が、特定の政党その他の政治団体等を支持する目的をもって、署名運動を企画することは、職員の属する地方公共団体の内外を問わず禁止されている。
3.　企業職員及び単純労務職員を含む全ての職員は、原則として、職員の属する地方公共団体の区域内に限り、政党その他の政治団体の結成に関与することを禁止されている。
4.　職員が、特定の候補者に投票をするように勧誘運動をした場合は、政治的行為の制限に違反することから、地方公務員法に基づく懲戒処分及び刑罰の適用対象になる。
5.　職員が、特定候補者の依頼により、当該候補者のポスターを各所に貼ることは、勤務時間外に無給で行えば、政治的行為の制限に違反するおそれはない。

【解説　No.　33】　Ⅰ類事務

1．正しい。条例により、地方公務員法が定める事項以外の政治的行為の制限を定めることができる（地方公務員法第36条第２項第５号）。

2．誤り。職員が、特定の政党その他の政治団体等を支持する目的をもって、署名活動を企画することは、職員の属する地方公共団体の区域内において禁止されている。

3．誤り。地方公務員法に定める政治的行為の制限の規定は、公営企業職員・単純労務職員には適用されない。

4．誤り。職員が、特定の候補者に投票をするように勧誘運動をすることは、職員の属する地方公共団体の区域内において禁止されているが、これに違反した場合、懲戒処分の対象となるが、刑罰の適用対象とはならない。

5．誤り。職員が、特定候補者の依頼により、当該候補者のポスターを各所に貼ることは、勤務時間外に無給で行った場合でも、政治的行為の制限に違反するおそれがある。

正答　1

【No. 34】 地方公務員法に定める争議行為等の禁止に関する記述として、妥当なのはどれか。

1. 職員は、憲法が保障する勤労者の基本的権利を有するが、全体の奉仕者として公共の福祉のために勤務するという特殊性に基づき、争議行為については、一部制限されている。
2. 職員は、争議行為等のうち違法な行為を企ててはならないと規定しているが、一般民間人がその遂行を共謀することは、禁じられていない。
3. 争議行為等の禁止に違反した者が、争議行為等を行ったことを理由として懲戒処分を受けた場合、人事委員会又は公平委員会に対して審査請求をすることはできない。
4. 地方公務員法は、職員が、争議行為等を実行した場合の罰則は定めていないが、その遂行をそそのかした場合については、罰則を定めている。
5. 超過勤務や宿日直の命令に対し組織的に拒否する行為は、争議行為には該当しないが、職務命令違反や職務専念義務違反に該当する。

【解説　No.　34】　　　　　　　　　　　　Ⅰ類事務、Ⅰ類技術、Ⅱ類

1．誤り。職員も、憲法が保障する勤労者の基本的権利を有するが、争議行為については禁止されている（地方公務員法第37条）。

2．誤り。「何人も、このような違法な行為を企て、またはその遂行を共謀し、そそのかし、若しくはあおってはならない」（地方公務員法第37条）に定めるとおり、一般民間人であっても争議行為等の遂行を共謀することは、禁止されている。

3．誤り。争議行為等をした者は、その行為の開始とともに、法令・条例・規則・規定に基づいて地方公共団体に対し保有する任命上・雇用上の権利をもって対抗できなくなる。しかし、争議行為が行われたかどうかの確認のため、懲戒処分を受けた場合は、人事委員会または公平委員会に対して審査請求をすることができる。

4．正しい。争議行為等の遂行を共謀したり、そそのかしたり、あおったり、またはこれらの行為を企てた場合の罰則はあるが、争議行為などを実行した場合の罰則は定められていない。

5．誤り。超過勤務や宿日直の命令に対し組織的に拒否する行為は、争議行為に該当する。

正答　4

【No. 35】　地方公務員の労働基本権に関する次の表の空欄に当てはまる語句の組合せとして、妥当なのはどれか。

<table>
<tr><th rowspan="2">区分</th><th colspan="2">団結権</th><th rowspan="2" colspan="2">団体交渉権</th></tr>
<tr><th>職員団体</th><th>労働組合</th></tr>
<tr><td>[A] 職員</td><td>○</td><td>○</td><td>職員団体
△</td><td>労働組合
○</td></tr>
<tr><td>[B] 職員</td><td>○</td><td></td><td colspan="2">△</td></tr>
<tr><td>[C] 職員</td><td>×</td><td>×</td><td colspan="2">×</td></tr>
<tr><td>[D] 職員</td><td></td><td>○</td><td colspan="2">○</td></tr>
<tr><td>教育　職員</td><td>○</td><td></td><td colspan="2">△</td></tr>
</table>

○…制限なし　　△…一部制限　　×…禁止

	A	B	C	D
1.	一般	単純労務	企業	警察・消防
2.	一般	単純労務	警察・消防	企業
3.	企業	単純労務	警察・消防	一般
4.	単純労務	一般	警察・消防	企業
5.	単純労務	企業	警察・消防	一般

【解説　No.　35】　　　　　　　　　　　　　　　**Ⅰ類事務、Ⅰ類技術、Ⅱ類**

団結権に関しては、単純労務職員は、労働組合だけでなく、職員団体を結成することができる（地方公営企業等の労働関係に関する法律附則第５項）。一般職員と教育職員は、職員団体を結成することができる（地方公務員法第52条第３項）。警察職員と消防職員は、職員団体及び労働組合を結成することが禁止されている（地方公務員法第52条第５項）。企業職員は、労働組合を結成することができる（地方公営企業法第39条第１項及び地方公営企業等の労働関係に関する法律第５条）。

正答　4

【No. 36】　都の組織に関する記述として、妥当なのはどれか。

1.　都の組織は、議決機関と執行機関に大別でき、このうち議決機関には、東京都議会、行政委員会及び委員が該当する。
2.　都議会議員は直接選挙によって選ばれ、定数は127人であり、議員の任期は選挙の翌日から起算して５年となっている。
3.　補助機関が組織化されたものが内部部局と事業所であり、この知事の補助機関は、議会や他の執行機関と区別する意味で「知事部局」と呼ばれる。
4.　本庁行政機関は、病院、試験研究機関、学校、公園などの公の施設の管理事務所などをいい、内部部局（本庁）を含める。
5.　附属機関とは、行政執行の前提として必要な調停、審査、審議、調査等を行うものであり、直接住民を対象として行政を執行している。

【No. 37】　都の任用制度に関する記述として、妥当なのはどれか。

1.　特定任期付職員とは、業務の専門性は内部で適任な人材を育成できる程度のものであるが、その育成が間に合わない場合、あるいは最新の知識・技術を要する分野など都で育成すること自体が効率的でない場合等に採用するものである。
2.　任期付研究員のうち、招へい型研究員とは、当該研究分野における高い資質を有する者を、その育成を図るような研究業務に従事させる場合に採用するものであり、任期は３年以内が原則である。
3.　会計年度任用職員の任用に当たっては、原則として公募の上、試験による能力実証を経て行うこととし、最大４回まで公募による再度任用を行うことができる。
4.　課長代理級職は、全ての監督職が実務に精通した知識・経験を一層発揮できるよう、係長級職と課長補佐級職を廃止し、新たな監督職として平成27年度より設置された。
5.　職員の派遣は、「公益的法人等への一般職の地方公務員の派遣等に関する法律」に基づく派遣に限られている。

【解説　No.　36】　　Ⅰ類事務、Ⅰ類技術、Ⅱ類

1．誤り。行政委員会及び委員は執行機関である（『職員ハンドブック2019』106ページ）。
2．誤り。議員の任期は、選挙の日から起算して4年である（『職員ハンドブック2019』107ページ）。
3．正しい（『職員ハンドブック2019』110ページ）。
4．誤り。内部部局（本庁）は本庁行政機関には含まれない（『職員ハンドブック2019』111ページ）。
5．誤り。附属機関は、直接住民を対象とした執行権を有しない（『職員ハンドブック2019』113ページ）。

正答　3

【解説　No.　37】　　Ⅰ類事務、Ⅰ類技術、Ⅱ類

1．誤り。特定任期付職員は、高度の専門的な知識経験を要する業務で、内部で適任の人材を確保できないような場合に採用するものである。本肢の記述は、一般任期付職員に関するものである（『職員ハンドブック2019』230～231ページ）。
2．誤り。招へい型研究員とは、研究業績等により優れた研究者として認められている者を、高度の専門的知識経験を要する研究業務に従事させる場合に採用するものであり、任期は5年以内が原則である。本肢の記述は、若手型研究員に関するものである（『職員ハンドブック2019』230～231ページ）。
3．誤り。会計年度任用職員の任用に当たっては、原則として公募の上、選考による能力実証を経て行うこととし、最大4回まで公募によらない再度任用を行うことができる（『職員ハンドブック2019』231ページ）。
4．正しい（『職員ハンドブック2019』233ページ）。
5．誤り。地方自治法に基づく派遣や研修による派遣、外国派遣条例に基づく派遣など、様々な派遣形態がある（『職員ハンドブック2019』239～240ページ）。

正答　4

【No. 38】　都の手当に関する記述として、妥当なのはどれか。

1.　通勤手当は、通勤のため交通機関等を利用し、運賃等を負担することを常例とする職員及び通勤のため自転車等の交通用具を使用することを常例とする職員に対して支給されるもので、実費弁償的性格を有する手当である。

2.　扶養手当は、扶養親族のある職員に対して支給される手当であり、再任用職員には支給されるが、管理職及び指定職には支給されない。

3.　地域手当は、民間における賃金、物価等に関する事情を考慮して支給される手当であるが、支給額は給料表の月額に支給割合を乗じて得た額であり、支給割合は一律20%と決められている。

4.　住居手当は、自ら居住するため住宅を借り受け、家賃を支払っている全ての職員のうち、世帯主又は世帯主に準ずる者に一律に支給される。

5.　夜勤手当は、午後10時から翌日の午前６時までの間に正規の勤務時間として勤務した職員に対して支給される手当であり、その支給割合は勤務１時間当たりの給与額の100分の125である。

【解説　No.　38】　　　　　　　　　　　　　　**Ⅰ類事務、Ⅰ類技術、Ⅱ類**

1．正しい（『職員ハンドブック2019』253ページ）。

2．誤り。扶養手当が支給されないのは、部長級、指定職及び再任用職員である（『職員ハンドブック2019』251ページ）。

3．誤り。地域手当の支給額は、給料、給料の特別調整額及び扶養手当の月額の合計額に支給割合を乗じて得た額であり、支給割合は地域ごとに定められている（『職員ハンドブック2019』252ページ）。

4．誤り。住居手当は、34歳に達する日以後の最初の３月31日までの間にあり（管理職を除く）、自ら居住するため住宅（借間を含む）を借り受け、月額１万５千円以上の家賃を支払っている職員のうち、世帯主または世帯主に準ずる者に支給される。なお、都の公舎、国の公舎、民間の社宅等に入居している職員には、支給されない（『職員ハンドブック2019』252～253ページ）。

5．誤り。夜勤手当は、午後10時から翌日の午前５時までの間に正規の勤務時間として勤務した職員に対して支給される手当であり、その支給割合は勤務時間１時間当たりの給与額の100分の25である（『職員ハンドブック2019』255～256ページ）。

正答　1

【No. 39】　研修に関する記述として、妥当なのはどれか。

1.　地方公務員法においては、職員の研修について、「職員には、その勤務能率の発揮及び増進のために、研修を受ける機会を与えることができる」とあり、任命権者には特段、研修を実施する責務は課されていない。

2.　都において研修を実施するに当たっては、知事部局では知事が研修に関する基本方針を策定し、総務局長はその方針に沿って研修に関する基本計画及び中央研修に関する実施計画を策定することとしている。

3.　職場外研修は、職場を離れた研修機関で集合的に学ぶ手法であり、個別具体的に、能力や性格・状況等に合わせて弾力的に学ぶことができるため、最も有効な研修手法であり、都の人材育成の基本である。

4.　ＯＪＴは、職場において、上司・先輩等から仕事を通じて職務に必要な知識・ノウハウ等を学ぶものであり、最新・高度な知識・情報を集中的・効率的に習得できる、異なる部門との経験交流ができるなどのメリットがある。

5.　自己啓発は、職員が「自ら育つ」意識を持って、勤務時間外において、自らの能力開発・向上を行う主体的な取組であり、職員には自発的な学習意欲を持って、積極的に能力開発を行うことが期待される。

【No. 40】　都における文書の起案又は供覧に関する記述として、妥当なのはどれか。

1.　起案は、起案者が、原則として起案用紙を用いて事案の内容その他所要事項を記載し、その起案者欄に署名し、又は押印することにより行う。

2.　収受文書に基づいて起案する場合は、軽易なものを除き、その収受文書が確認できるように、当該収受文書の余白を利用して起案を行わなければならない。

3.　定例的に取り扱う事案に係る起案については、起案用紙に代えて別の起案帳票を用いて行うことができるが、この場合に使用する帳票を特例起案帳票という。

4.　起案文書の回付における協議は、審議に先立って行うこととしており、知事決定事案における関連副知事の審議は知事の決定の直前に行う。

5.　供覧を要する文書は、必ず文書総合管理システムによる電子回付方式により回付しなければならない。

【解説　No.　39】　　**Ⅰ類事務、Ⅰ類技術、Ⅱ類**

1．誤り。地方公務員法では、「職員には、その勤務能率の発揮及び増進のために、研修を受ける機会が与えられなければならない」と規定されており、任命権者には、研修を実施する義務が課されている（『職員ハンドブック2019』312ページ）。

2．誤り。知事部局では総務局長が研修に関する基本方針を策定し、総務局人事部長はその方針に沿って研修に関する基本計画及び中央研修に関する実施計画を策定する（『職員ハンドブック2019』312ページ）。

3．誤り。本肢の後半部分はOJTに関する説明である（『職員ハンドブック2019』314～315ページ）。

4．誤り。本肢の後半部分は職場外研修に関する記述である（『職員ハンドブック2019』314～315ページ）。

5．正しい（『職員ハンドブック2019』315ページ）。

正答　5

【解説　No.　40】　　**Ⅰ類事務、Ⅰ類技術、Ⅱ類**

1．誤り。起案は、起案者が文書総合管理システムに事案の内容その他所要事項を入力し、起案した旨を電磁的に表示し、記録することにより行うことを原則としている（『職員ハンドブック2019』368ページ）。

2．収受文書に基づいて起案する場合は、当該事案の内容が軽易なものであるときに、当該収受文書の余白を利用して起案することができる（『職員ハンドブック2019』369ページ）。

3．正しい（『職員ハンドブック2019』369ページ）。

4．誤り。協議に先立って審議を行うのが原則である。後段の記述は正しい（『職員ハンドブック2019』378ページ）。

5．誤り。軽易な内容の供覧文書（電子文書以外）については、その文書の表面の余白に供覧欄を設けて回付してもよい（『職員ハンドブック2019』380ページ）。

正答　3

【No. 41】　都における公文書の整理及び保存に関する記述として、妥当なのはどれか。

1.　公文書の保存とは、公文書がその保存期間を満了したときは、当該公文書を廃棄し、事務の効率化を図ることをいう。
2.　ファイル責任者は、引き継がれた公文書に必要な文書管理事項が適切に記録又は記載されているかを点検し、文書総合管理システム又は特例管理帳票に文書管理事項を記録する。
3.　都においては、公文書の整理に当たって分類記号を用いているが、分類記号の決定又はその変更は、総務局総務部文書課長の承認を経て各局の庶務主管課長が一元的に行う。
4.　分類記号による整理の対象となる公文書は、職務上取得し又は作成した文書であり、図面、写真、フィルム及び電磁的記録はこれに当たらない。
5.　課において公文書に保存期間を付するときは、局の文書保存期間表の期間内で自由に設定することができる。

【No. 42】　都の決算に関する記述として、妥当なのはどれか。

1.　各局長は、毎会計年度、その主管に属する局別科目別決算資料（歳入・歳出）を作成して、翌年度の７月20日までに知事に提出しなければならない。
2.　決算の附属資料のうち、「財産に関する調書」とは、歳入歳出差引額から翌年度へ繰り越すべき財源を差し引いた、当該会計年度における実質収支額であり、決算上の実質的な剰余金を表すものである。
3.　議会の決算審議は、決算特別委員会によって行われるが、決算審議の期間については、地方自治法で３か月以内と定められており、都においては第３回定例会にて議決している。
4.　知事は、決算の認定に関する議案が否決された場合、当該議決を踏まえて必要と認める措置を講じたときは、その内容を議会へ報告する必要はない。
5.　公営企業の決算は、管理者が毎事業年度終了後、２か月以内に調整し、証書類、当該年度の事業報告書等と併せて、知事に提出しなければならない。

【解説　No.　41】　　**Ⅰ類事務、Ⅰ類技術、Ⅱ類**

1．誤り。公文書の保存とは、公文書をそれぞれの保存期間に従って適正に管理する過程全体をいう（『職員ハンドブック2019』361ページ）。
2．正しい（『職員ハンドブック2019』384ページ）。
3．誤り。分類記号の決定またはその変更は、局の庶務主管課長の承認を得て主務課長が行う（『職員ハンドブック2019』384ページ）。
4．誤り。図面、写真、フィルム及び電磁的記録も整理の対象となる公文書に含まれる（『職員ハンドブック2019』384ページ）。
5．誤り。局の文書保存期間表の保存期間のうち、当該課で取り扱う公文書の保存期間をあらかじめ転記した文書管理基準表を利用する（『職員ハンドブック2019』385ページ）。

正答　2

【解説　No.　42】　　**Ⅰ類事務、Ⅰ類技術、Ⅱ類**

1．誤り。翌年度の6月20日までに会計管理者に送付することとされている（『職員ハンドブック2019』414～415ページ）。
2．誤り。本肢の記述は「実質収支に関する調書」である。「財産に関する調書」は、当該年度末における地方公共団体の財産の状態を示す調書である（『職員ハンドブック2019』415ページ）。
3．誤り。決算審議の期間については、現行制度上特に定めがない（『職員ハンドブック2019』416ページ）。
4．誤り。知事は、決算の認定に関する議案が否決された場合において、当該議決を踏まえて必要と認める措置を講じたときは、その内容を報告するとともに、これを公表しなければならない（『職員ハンドブック2019』416ページ）。
5．正しい（『職員ハンドブック2019』416ページ）。

正答　5

【No. 43】　都の収入事務に関する記述として、妥当なのはどれか。

1.　歳入徴収者は、徴収すべき歳入の金額が確定したときは３日以内に調定し、歳入徴収者が、調定額等を財務会計システムに登録しなければならない。

2.　歳入を収入しようとするときは、地方交付税等の納入を含め、納入義務者に対して納入の通知をしなければならない。

3.　納入の通知は納入通知書を発行して行うこととし、口頭、掲示等による納入の通知は認められていない。

4.　金銭出納員が現金を受領したときは、納付書を作成し、これに現金を添えて指定金融機関等に払い込まなければならない。

5.　納入義務者が歳入を納付するときには、現金に代えて証券を使用することができるが、使用される証券は国債又は地方債に限られている。

【No. 44】　都の新公会計制度に関する記述として、妥当なのはどれか。

1.　都の財務諸表のうち、貸借対照表では、年度末時点での資金の運用形態としての「資産」の状態、資産形成のための資金調達である「負債」の状態、「資産」と「負債」の差額を「純資産」として金額で表示している。

2.　行政コスト計算書では、１年度間における行政活動に伴う全ての費用と当該活動から得られた収益を金額により表示するが、費用には現行の官庁会計の下で支出された現金による費用のみ計上する。

3.　キャッシュ・フロー計算書では、１年度間における現金収支の状況を、「行政サービス活動」と、「財務活動」との二つに区分して表示する。

4.　各局長（公営企業管理者を除く。）は、会計別の財務諸表を、「東京都会計基準」の定めにより作成して会計管理者に提出し、会計管理者は各会計別の財務諸表を作成し知事に提出する。

5.　都の作成した財務諸表は、別途作成する「東京都年次財務報告書」とともに地方自治法上、議会による決算の認定対象となっている。

【解説　No.　43】　　　　　　　　　　　Ⅰ類事務、Ⅰ類技術、Ⅱ類

1．誤り。歳入徴収者は、徴収すべき歳入の金額が確定したときは直ちに調定し、収支命令者に、調定額等を財務会計システムに登録させなければならない（『職員ハンドブック2019』424ページ）。

2．誤り。歳入を収入しようとするときは、地方交付税等その性質上納入の通知を必要としない歳入を除いて、納入義務者に対し、納入の通知をしなければならない（『職員ハンドブック2019』424ページ）。

3．誤り。その性質上、納入通知書により難い歳入については、口頭、掲示その他の方法によって納入の通知をすることができる（『職員ハンドブック2019』424ページ）。

4．正しい（『職員ハンドブック2019』425ページ）。

5．誤り。使用できる証券の種類として、小切手等及び無記名式の国債若しくは地方債またはその利札がある（『職員ハンドブック2019』425ページ）。

正答　4

【解説　No.　44】　　　　　　　　　　　Ⅰ類事務、Ⅰ類技術、Ⅱ類

1．誤り。年度末時点での資金の運用形態としての「資産」の状態と、資産形成のための資金調達である「負債」の状態、そしてその結果としての「正味財産」を金額で表示している（『職員ハンドブック2019』434ページ）。

2．誤り。費用には、現行の官庁会計の下で支出された現金によるコストのみならず、資産の保有・売却・除却や引当金の繰り入れなどに伴う非現金のコストも計上する（『職員ハンドブック2019』434ページ）。

3．誤り。１年度間における現金収支の状況を、経常的な行政サービスに伴う「行政サービス活動」、社会資本整備等に伴う「社会資本整備等投資活動」、財源調達に伴う「財務活動」の三つに区分して表示する（『職員ハンドブック2019』434ページ）。

4．正しい（『職員ハンドブック2019』436ページ）。

5．誤り。地方自治法上、議会による決算の認定対象とはならないが、決算参考書として知事が議会に提出している（『職員ハンドブック2019』436ページ）。

正答　4

【No. 45】　都における債権に関する記述として、妥当なのはどれか。

1.　分担金、使用料及び手数料を納期限までに納付しない者があるときは期限を指定して督促することができるが、この場合、延滞金は徴収しない。

2.　債権の保全のため必要があると認めるときは、債務者に対し、担保の提供、保証人の保証等を求める、仮差押え又は仮処分の手続を執るなどの措置を講じなければならない。

3.　都が有する分担金、使用料及び手数料に係る金銭債権は、この権利を10年間行使しないときは、時効により消滅する。

4.　都に対する金銭債権については、公債権、私債権にかかわらず、消滅時効の援用を必要としない。

5.　局長は、私債権の放棄をする場合は、あらかじめ議会の議決が必要であり、また、私債権を放棄したときは、財務局長及び主税局長に事後報告を行わなければならない。

【No. 46】　都の個人情報保護制度に関する記述として、妥当なのはどれか。

1.　未成年者又は成年被後見人の法定代理人は、被代理人の個人情報の開示を請求できるが、当該開示請求が、本人の利益に反することが明確である場合はこの限りでない。

2.　開示請求の対象となる個人情報の範囲は、実施機関が保有する自己を本人とする個人情報であり、公文書に記録されているか否かは問わない。

3.　開示請求に係る保有個人情報が存在しているか否かを答えるだけで、非開示情報を開示することとなっても、実施機関は、当該保有個人情報の存否を明らかにしないで、当該開示請求を拒否することはできない。

4.　何人も、開示された自己を本人とする保有個人情報に事実の誤りがあると認めるときは、実施機関に対し、口頭のみで訂正を請求することができる。

5.　民間部門の個人情報保護の取扱いについて苦情があったときは、都は迅速かつ適切な処理に努め、事業者に対し改善命令を行わなければならない。

【解説　No.　45】　　Ⅰ類事務、Ⅰ類技術、Ⅱ類

1．誤り。分担金、使用料、加入金、手数料及び過料その他の普通地方公共団体の歳入を納期限までに納付しない者があるときは、期限を指定して督促しなければならない（『職員ハンドブック2019』469ページ）。

2．正しい（『職員ハンドブック2019』471ページ）。

3．誤り。時効に関し他の法律に定めがあるものを除き、債権不行使の状態が５年間継続するときは、時効により消滅する（『職員ハンドブック2019』472ページ）。

4．誤り。私債権については時効の援用を必要とする（『職員ハンドブック2019』472ページ）。

5．誤り。都では東京都債権管理条例により、議会の議決を要せずに放棄を可能としている。なお、局長は私債権の放棄をする場合は、あらかじめ財務局長及び主税局長に協議しなければならない。また、私債権を放棄したときは、議会に報告しなければならない（『職員ハンドブック2019』472～473ページ）。

正答　2

【解説　No.　46】　　Ⅰ類事務、Ⅰ類技術、Ⅱ類

1．正しい（『職員ハンドブック2019』516ページ）。

2．開示請求の対象となる個人情報の範囲は、実施機関が保有する自己を本人とする個人情報であり、公文書に記録されているものである（『職員ハンドブック2019』516ページ）。

3．誤り。当該開示請求に係る保有個人情報が存在しているか否かを答えるだけで、非開示情報を開示することとなるときは、実施機関は、当該保有個人情報の存否を明らかにしないで、当該開示請求を拒否することができる（『職員ハンドブック2019』518ページ）。

4．誤り。訂正を求める内容が事実に合致することを証明する書類等を提出または提示し、その訂正の請求をすることができる（『職員ハンドブック2019』518ページ）。

5．誤り。都は迅速かつ適切な処理に努めるものとし、必要に応じて説明、資料提出を求め、必要な限度で助言を行い、なお改善が見られない場合には勧告を行うことができる（『職員ハンドブック2019』520ページ）。

正答　1

【No. 47】　特性要因図に関する記述として、妥当なのはどれか。

1.　特性要因図は、一つのテーマについてアイデアを自由に出し合い、その連鎖反応を促進することにより、多様なアイデアを記載したものである。

2.　特性要因図は、あるテーマ・問題に関する情報やデータを一枚ずつカードに記入し、これらのカードの相互関連や課題の種類を図示したものである。

3.　特性要因図は、問題を結果と考え、その原因を順次遡って追究していく技法であり、左右に横たわった幹から枝を伸ばしたような形状をしている。

4.　特性要因図は、主要課題の原因や解決策などをＭＥＣＥ（ミッシー）で捉え、ツリー上に論理的に分解・整理した図である。

5.　特性要因図は、時間を横軸に取って、各作業の日程計画や実績を記入したチャートのことをいい、作業担当者にとってスケジュールの把握がしやすい利点がある。

【No. 48】　都庁のＩＴ化を支える基盤に関する記述として、妥当なのはどれか。

1.　都における電子申請は、教員採用試験の申込みなど、特定の手続きに特化した各局独自のシステムにより運用されているが、汎用的な全庁共通のシステムによる運用はされていない。

2.　社会保障・税番号制度は、複数の機関に存在する特定の個人情報が同一の者に係る情報であることを確認するための基盤であり、地方税法に基づき、導入された制度である。

3.　区市町村長は、住民票コードを変換して得られる個人番号を本人に通知し、希望する住民には、マイナンバーカードが交付される。

4.　社会保障・税番号制度において、法人番号は総務大臣が法人その他の団体に付番し、個人番号同様、当該法人にのみ通知される。

5.　住民基本台帳ネットワークシステムは、居住関係を公証する住民基本台帳のネットワーク化を図り、４情報（氏名、生年月日、職業、本籍地）と個人番号等により、全国共通の本人確認を可能とする政府独自のシステムである。

【解説　No.　47】　**Ⅰ類事務、Ⅰ類技術、Ⅱ類**

1．誤り。選択肢の記載は、「ブレインストーミング」に関する説明である（『職員ハンドブック2019』560～561ページ）。
2．誤り。選択肢の記載は、「KJ 法」に関する説明である（『職員ハンドブック2019』561ページ）。
3．正しい（『職員ハンドブック2019』561～562ページ）。
4．誤り。選択肢の記載は、「ロジック・ツリー」に関する説明である（『職員ハンドブック2019』564ページ）。
5．誤り。選択肢の記載は、「ガント・チャート」に関する説明である（『職員ハンドブック2019』566ページ）。

正答　3

【解説　No.　48】　**Ⅰ類事務、Ⅰ類技術、Ⅱ類**

1．誤り。各局独自のシステムだけでなく、汎用的な全庁共通のシステムも運用している。なお、全庁共通のシステムについては、都内区市町村と東京電子自治体共同運営協議会を設置し、システムを共同利用している（『職員ハンドブック2019』527ページ）。
2．誤り。選択肢の前半はその通りだが、地方税法ではなく、番号法に基づき導入された制度である（『職員ハンドブック2019』528ページ）。
3．正しい（『職員ハンドブック2019』528ページ）。
4．誤り。法人番号は国税庁長官が法人その他の団体に付番し、原則公表されるものである（『職員ハンドブック2019』528ページ）。
5．誤り。４情報は氏名、生年月日、性別、住所である。また、政府独自のシステムではなく、地方公共団体共同のシステムである（『職員ハンドブック2019』530ページ）。

正答　3

【No. 49】　昨年12月に都が策定した「東京都性自認及び性的指向に関する基本計画」に関する記述として、妥当なのはどれか。

1. 本計画は、性自認及び性的指向に関して、基本的な考え方、これまで取り組むことができなかった原因、今後の方向性等を明らかにするため、東京都福祉のまちづくり条例に基づき、策定されたものである。
2. 本計画の課題認識として、性自認及び性的指向に関して困難を抱える当事者の多くが家族、友人、職場の同僚などに相談はできているが、家庭以外の社会生活から孤立しがちであることを挙げている。
3. 「声を上げられない当事者に寄り添い、多様な性のあり方を尊重し合う風土を醸成し、オール東京で誰もが輝ける社会を実現する」という基本方針の下、都は、必要な取組を推進していくとしている。
4. 本計画期間においては、声を上げた当事者に対して積極的にアプローチすることを重点課題とし、声なき声に配慮する相談体制の充実については次期計画の課題とした。
5. 本計画は、令和元年度から10年度までの10年間を計画期間とし、「相談・支援体制の充実」、「啓発・教育の推進」、「都民理解の推進」の三つを施策の柱として、具体的な取組を実施していくとしている。

【解説　No.　49】　　　　　　　　　　　Ⅰ類事務、Ⅰ類技術、Ⅱ類

1．誤り。本計画は、性自認及び性的指向に関して、基本的な考え方、これまで取り組んできた施策、今後の方向性等を明らかにするため、「人権尊重条例」に基づき、策定されたものである（『東京都性自認及び性的指向に関する基本計画』１ページ）。

2．誤り。性自認及び性的指向に関して困難を抱える当事者の多くは、家族、友人、職場の同僚などの誰にも相談できず、一人で悩みを抱えている現状がある（同19ページ）。

3．正しい（同20ページ）。

4．誤り。次期計画ではなく、本計画期間において、声を上げられない当事者にアプローチする「声なき声に配慮する相談体制の充実」を重点課題としている（同22ページ）。

5．誤り。本計画は、令和２年１月から令和５年３月までのおおむね３年間を計画期間としている（同21ページ）。また、「相談・支援体制の充実」「啓発・教育の推進」「職員理解の推進」「庁内外の取組の推進」の四つを施策の柱としている（同21ページ）。

正答　３

【No. 50】　本年３月に都が公表した「品川駅・田町駅周辺まちづくりガイドライン2020」に関する記述として、妥当なのはどれか。

1. 本ガイドラインは、羽田空港の本格的な国際化やリニア中央新幹線の中間駅となる等、品川駅・田町駅周辺地域のポテンシャルが高まっている状況を踏まえて、新たに策定された。
2. 本ガイドラインでは、品川駅・田町駅周辺の将来像として「国内外のビジネスパーソンの活力にあふれる最も進んだビジネスのまち」などの三つの将来像を示した。
3. 将来像実現のための９つの戦略（PROJECT）として、「誰一人取り残さない、持続可能で多様性のある社会の実現」、「安全・安心な防災都市づくりの推進」などを掲げている。
4. 本ガイドラインの対象地域は、品川駅・田町駅周辺地域の約1,000ｈａを基本とし、「品川駅東口北地区」、「田町駅西口地区」などの五地区を優先整備地区として位置付けている。
5. 将来像実現のための戦略の一つである「広域アクセス性の効果を最大化する駅機能の強化」では、品川駅と高輪ゲートウェイ駅の一体的整備、地下鉄を除いたアクセス利便性の向上などが示されている。

【解説　No.　50】　　　　　　　　Ⅰ類事務、Ⅰ類技術、Ⅱ類

1．誤り。本ガイドラインは、新たな事業の構想がある国道15号・品川駅西口駅前広場事業や品川地下鉄構想を位置付けるとともに、2027年のリニア開通を目途とした計画的整理を行うことを目的に、まちづくりガイドライン2014を一部改定したものである（『東京都交通局経営計画2019』5～7ページ）。なお、品川駅は、リニア中央新幹線の始発駅である（『品川駅・田町駅周辺まちづくりガイドライン2020』3ページ）。
2．正しい（同10ページ）。
3．誤り。九つではなく、将来像実現のための七つの戦略（PROJECT）として、「世界から人・企業を集める企業誘致・MICEプロモーション」「安全・安心な防災都市づくりの推進」などを掲げている（同18～42ページ）。
4．誤り。本ガイドラインの対象地域は、品川駅・田町駅周辺地域の約650ヘクタールを基本とし、「品川駅北周辺地区」「芝浦水再生センター地区」などの4地区を優先整備地区として位置付けている（同6～7ページ）。
5．誤り。地下鉄を除いてはいない。「広域アクセス性の効果を最大化する駅機能の強化」では、高輪ゲートウェイ駅の整備のほか、品川駅―白金高輪駅間での地下鉄構想の推進なども示されている（同31～32ページ）。

正答　2

【No. 51】　本年３月に都が策定した「東京都社会的養育推進計画」に関する記述として、妥当なのはどれか。

1.　本計画は、「東京都社会的養護施策推進計画」の一部を改定し策定したもので、令和２年度から４年度までの３年間を計画期間としている。
2.　本計画の理念では、養子縁組が成立した子供たちを除く社会的養護が必要な子供たちが、家庭や家庭と同様の養育環境において、健やかに育ち、自立できるよう養育・ケアを行うとしている。
3.　具体的な取組の一つである「社会的養護のもとで育つ子供たちの自立支援」では、高校卒業後や大学進学後の学習支援の充実などを挙げている。
4.　具体的な取組の一つである「児童相談所の体制強化」では、児童相談所における人材の確保及び育成、中核市・特別区の児童相談所設置に向けた取組などを挙げている。
5.　具体的な取組の一つである「計画の進捗管理と見直し」では、半年毎に実績を把握し、「東京都子供・子育て会議」に報告するとともに、毎年度本計画を見直すとしている。

【No. 52】　本年３月に都が策定した「東京都ひとり親家庭自立支援計画（第４期）」に関する記述として、妥当なのはどれか。

1.　本計画は、「児童福祉法」に基づく「自立促進計画」として策定したもので、令和２年度から11年度までの10年間を計画期間としている。
2.　本計画の理念の一つとして、ひとり親家庭のみならず、全ての家庭の親子が地域で安心して生活できる環境を整備することを掲げている。
3.　計画のポイント（視点）として、「ひとり親家庭を支える『つながり』への支援」及び「関係機関の連携強化」などの五つを掲げている。
4.　「広報体制の整備」及び「就業支援」の二つを施策分野の柱とし、ひとり親家庭などへの支援を推進するとしている。
5.　「就業支援」では、保健所において、父子家庭を除くひとり親を対象として、ライフステージを踏まえたキャリアアップを支援するとしている。

【解説　No.　51】　　Ⅰ類事務、Ⅰ類技術、Ⅱ類

1．誤り。本計画は、「東京都社会的養護施策推進計画」を全面的に見直し、新たな推進計画として策定したもので、令和２年度から令和11年度までの10年間を計画期間としている（『東京都社会的養育推進計画』３ページ）。

2．誤り。本計画の理念では、社会的養護が必要な子供たちに加え、養子縁組成立や家庭復帰後を含めた家庭で生活する子供たちが、生まれ育った環境によらず、家庭や家庭と同様の養育環境において、健やかに育ち、自立できるよう、養育・ケアを行うとしている（同３ページ）。

3．誤り。進学した高校等での中途退学率が高いこと、部活動に必要な経費や学習塾に要する費用への支援が十分でないことなどから、高校在学中の学習支援の充実を挙げている。また、職場体験や研修等による就業支援も挙げている（同49ページ）。

4．正しい（同51～57ページ）。

5．誤り。実績等については、毎年度「東京都児童福祉審議会」に報告するとともに、本計画の中間年を目安として、必要に応じ、計画の見直しを行うこととしている（同69ページ）。

正答　4

【解説　No.　52】　　Ⅰ類事務、Ⅰ類技術、Ⅱ類

1．誤り。本計画は、「母子及び父子並びに寡婦福祉法」に基づく「自立促進計画」として策定されたものであり、令和２年度から６年度までの５年間を計画期間としている（『東京都ひとり親家庭自立支援計画（第４期）』３ページ）。

2．誤り。本計画の理念の一つとして掲げているのは、ひとり親家庭の親子が地域で安心して生活できる環境整備であり、全ての家庭の親子とまでは示していない（同４ページ）。

3．正しい（同５～６ページ）。

4．誤り。「相談体制の整備」「就業支援」「子育て支援・生活の場の整備」「経済的支援」の四つを施策分野の柱とし、ひとり親への支援を推進するとしている（同４ページ）。

5．誤り。「東京都ひとり親家庭センター」において、ライフステージを踏まえたキャリアアップ支援を行っている。また、対象から父子家庭を除いてはいない（同36～38ページ）。

正答　3

【No. 53】　本年３月に都が策定した「東京都建設工事従事者の安全及び健康の確保の推進に関する計画」に関する記述として、妥当なのはどれか。

1.　建設業における重大な労働災害は、これまでの建設業関係者による努力によって減少を続けており、建設業は、死亡災害が最も少ない業種となっているとしている。
2.　建設業の働き方改革の促進、生産性の向上、及び持続可能な事業環境の確保等を定めた通称「新･担い手３法」が令和元年６月に改正され、都は、同法第９条に基づき、本計画を策定した。
3.　本計画は、東京の建設現場の労働災害の現状と課題を踏まえ、基本的な方針や施策を定めるとともに、これらに基づき建設業に関わる全ての者が具体的な取組を総合的かつ計画的に推進することを目的としている。
4.　本計画は、昨年11月に実施した「東京未来ビジョン懇談会」メンバーとの意見交換や都内13大学における建設業の魅力向上の報告を踏まえて策定したものである。
5.　東京の建設業で働く外国人労働者数は、平成25年以降横ばいであり、建設業における短期的な担い手の確保を進めていくため、外国人労働者に対する安全衛生教育等の対応が必要となるとしている。

【解説　No.　53】　　**Ⅰ類事務、Ⅰ類技術、Ⅱ類**

1．誤り。建設業における重大な労働災害は、減少を続けているが、いまだ死亡災害が最も多い業種となっている。なお、死亡者のうち建設業が占める割合は、全国・東京ともに30％を超えている（『東京都建設工事従事者の安全及び健康の確保の推進に関する計画』２～４ページ）。

2．誤り。「新・担い手３法」に基づくものではない。建設工事従事者の安全と健康の確保に関する基本理念、国等の責務や施策の基本となる事項等を定めた「建設工事従事者の安全及び健康の確保の推進に関する法律」が平成29年３月に施行され、都は同法第９条に基づき、本計画を策定したものである（同２ページ）。

3．正しい（同２ページ）。

4．誤り。本計画は、「東京都建設工事従事者の安全及び健康を確保する調整会議」における意見や「東京都技術会議」における建設業の魅力向上の報告等を踏まえて策定したものである（同２ページ）。

5．誤り。平成30年において、東京の建設業で働く外国人は平成25年比で５倍と年々増加しており、今後一層の増加が予想される外国人労働者に対する安全衛生教育等の対応が必要となるとしている（同９～10ページ）。

正答　３

【No. 54】　本年３月に都が策定した「東京都医師確保計画」に関する記述として、妥当なのはどれか。

1.　本計画は、現行の「新たな病院運営改革ビジョン」を追補するものであり、令和２年度から18年度までを計画期間としている。

2.　都全体は医師多数区域に設定されているが、都内の二次保健医療圏でみると、南多摩、島しょ、西多摩の３医療圏は医師少数区域に設定されている。

3.　東京の医師の状況として、医師の数は平成16年以降横ばい傾向にあり、医療施設に従事する女性医師の割合が全国と比較して低い状況にあるとしている。

4.「様々な人が共に暮らし、多様性に富んだ東京」の実現に向けた四つの基本目標ごとに、東京独自の医師確保の方向性を取りまとめたとしている。

5.　基本目標の「東京の特性を生かした切れ目のない医療連携システムの構築」に対する医師確保の方向性として、かかりつけ医の確保・育成を行うとしている。

【No. 55】　本年４月に都が策定した「東京都子供・若者計画（第２期）」に関する記述として、妥当なのはどれか。

1.　本計画は、子ども・若者育成支援推進法に基づく都道府県子供・若者計画として策定したもので、令和２年度から６年度までの５年間を計画期間としている。

2.　本計画の理念は、全ての子供・若者が、思春期に社会的自立を果たすことができるよう、その成長を学校生活の中で応援することとしている。

3.　各施策に取り組むに当たっての視点として、五つの視点を盛り込み、少子化社会対策を一層推進するとしている。

4.　各施策に取り組むに当たっての視点の一つである「一人ひとりの子供・若者の最善の利益を尊重する視点」では、関係機関等の連携を促進し、社会全体で子供・若者の成長を見守っていくことが重要としている。

5.　各施策に取り組むに当たっての視点の一つである「子供・若者の状況に応じて支援する視点」では、支援に当たっては、当事者である子供・若者の目線に立ち、意見を尊重し、支援に反映させていく姿勢が重要としている。

【解説　No.　54】　**Ⅰ類事務、Ⅰ類技術、Ⅱ類**

1．誤り。本計画は、医療法上の記載事項であり平成30年３月に改定した「東京都保健医療計画」に、「東京都外来医療計画」と合わせて追補するものであり、令和２年度から５年度までの４年間を計画期間としている（『東京都医師確保計画』５ページ）。
2．正しい（同20～22ページ）。
3．誤り。東京都における医師数は増加傾向にあり、医療施設に従事する女性医師の割合が全国と比較して高い状況にあるとしている（同13～14ページ）。
4．誤り。「誰もが質の高い医療を受けられ、安心して暮らせる『東京』」の実現に向けた四つの基本目標ごとに、東京独自の医療確保の方向性をまとめたとしている。なお、選択肢に記載の「様々な人が共に暮らし、多様性に富んだ東京」は、『「未来の東京」戦略ビジョン』で示しているビジョンのうちの一つである（同86～87ページ）。
5．誤り。医師確保の方向性として、「救急医療」「小児医療」「周産期医療」「へき地医療」「災害医療」を担う医師の確保・育成を行うこととしている（同90～92ページ）。

正答　2

【解説　No.　55】　**Ⅰ類事務、Ⅰ類技術、Ⅱ類**

1．正しい（『東京都子供・若者計画（第２期）』２～３ページ）。
2．誤り。思春期ではなく、本計画の理念は、全ての子供・若者が、青年期に社会的自立を果たすことができるよう、その成長を社会全体で応援することとしている（同４ページ）。
3．誤り。施策推進のための視点は五つではなく、「一人ひとりの子供・若者の最善の利益を尊重する視点」など三つである（同５～６ページ）。
4．誤り。当事者である子供・若者の目線に立って意見を聞き、その年齢や発達の程度に応じて最大限尊重し、支援に反映させていく姿勢が重要としている。なお、選択肢の記載は、「子供・若者の支援に社会全体で重層的に取り組む視点」に関するものである（同５～６ページ）。
5．誤り。子供・若者のその時々の状況を見極めながら、長期的な視野から行きつ戻りつの支援を行っていくことが重要としている。なお、選択肢の記載は、「一人ひとりの子供・若者の最善の利益を尊重する視点」に関するものである（同５～６ページ）。

正答　1

令和３年度

択一問題

主任ＡⅠ類事務　55問（２時間45分）
主任ＡⅠ類技術　45問（２時間15分）
主任ＡⅡ類　　　30問（１時間30分）

◇Ⅰ類

◇Ⅱ類

令和３年度　択一問題の正答

問題番号			分　野	出題内容	正答
AI類事務	AI類四技	AII類			
1	1	1	統計資料の見方	グラフの種類及び書き方	5
2	2	2		ラスパイレス式	2
3	3		基礎的法令（憲法）	社会権	4
4	4			内閣	5
5	5			裁判官の身分保障	5
6	6		基礎的法令（行政法）	行政行為の瑕疵	1
7	7			行政機関	3
8	8			教示制度	4
9				行政立法	4
10	9			行政裁量	5
11	10			行政手続法	4
12				行政指導	3
13	11			代執行	3
14				抗告訴訟	4
15				国家賠償法	5
16			地方自治制度	地方公共団体の区域	5
17	12			条例	2
18	13			議員	5
19				議長又は副議長	3
20				行政委員会	4
21	14			契約	3
22	15			地方公共団体の収入	1
23	16			公の施設	5
24	17			住民訴訟	3
25				広域連合	3

問題番号			分　野	出題内容	正答
AⅠ類事務	AⅠ類四技	AⅡ類			
26	18	3	地方公務員制度	一般職及び特別職	2
27	19	4		欠格条項	1
28				一般職の任期付職員の採用	1
29				条件付採用	4
30	20	5		法令等及び上司の職務上の命令に従う義務	3
31	21	6		秘密を守る義務	5
32	22	7		職務専念義務	3
33	23	8		営利企業等の従事制限	2
34	24	9		勤務条件に関する措置の要求	4
35	25	10		罰則の適用	5
36	26	11	都政実務	特別区	2
37	27	12		職員の給与	2
38	28	13		職員の勤務時間	3
39	29	14		職員団体等	3
40	30	15		事案の決定	5
41	31	16		公告	4
42	32	17		行政財産	1
43	33	18		一般会計における予算事務手続	3
44	34	19		国庫支出金	5
45	35	20		会計の検査、監督	2
46	36	21		情報公開制度	5
47	37	22		組織原則	4
48	38	23		サイバーセキュリティ対策	2
49	39	24	都政事情	東京都中央卸売市場経営指針	5
50	40	25		東京都食品ロス削減推進計画	1
51	41	26		東京都気候変動適応計画	2
52	42	27		高齢者の居住安定確保プラン	1
53	43	28		東京都食育推進計画	5
54	44	29		東京高速道路（KK 線）再生方針	3
55	45	30		東京都動物愛護管理推進計画	4

【No. 1】　グラフの種類及び書き方に関する記述として、妥当なのはどれか。

1.　棒グラフは、利用範囲が極めて広く、時系列の統計数値を比較するのに優れており、順序に決まりがない限り、全て左から数値の大きい順に並べる。

2.　積み重ねグラフは、総数とその内訳が同時に観察でき、「その他」を最後に配列すること以外、配列順に決まりはない。

3.　線グラフは、季節性を見る場合や特化係数を用いた基準点との比較に向いており、原則として、静態を示す場合には目盛刻みの中間に期間を表示する。

4.　レーダーチャートは、構成比を観察するのに適しており、時間目盛や項目を円周に表示し、実数を記載する場合には内円に表示する。

5.　帯グラフは、円グラフに比べて時間的な変化や地域的な違い等を比較するのに適しており、原則として、実数は帯の中に記載しない。

【解説　No.　1】　　**Ⅰ類事務、Ⅰ類技術、Ⅱ類**

1．誤り。棒グラフは、利用範囲が極めて広く、数量を比較するのに優れている。基線から同幅の棒を柱のように立て、縦軸に数量、横軸に年月、場所等を記載する。

2．誤り。積み重ねグラフは、総数とその内訳が同時に観察でき、総数を示す棒グラフの個々の内容を、それぞれの数値に応じ内訳線で区分する。順序に決まりがない限り、始まりは下から大きい順に描く。

3．誤り。線グラフは、時系列の統計数値をグラフ化する場合に向いている。目盛りや目盛りの省略は、棒グラフと同様である。基線を「０」とし、基線と平行して同一間隔に目盛りを内側に取る。指数を表す場合は、基線を「100」とし、基準年を記載する。

4．誤り。レーダーチャートは、時間目盛りや項目を円周に表示し、円の中心から円周までの半径に統計数値等を表示する。季節性を見る場合や特化係数を用いて基準点との比較をするのに適している。

5．正しい。

正答　5

【No.　2】　下の表は、各年における商品Ａと商品Ｂの購入量と価格を示したものである。このとき、2020年の価格の総合指数を、2010年を基準とするラスパイレス式により求めた結果として、正しいのはどれか。

	商品Ａ		商品Ｂ	
	購入量（個）	価格（円/個）	購入量（個）	価格（円/個）
2000年	150	30	150	200
2010年	100	50	200	100
2015年	200	40	150	120
2020年	150	30	200	80

1.　75
2.　76
3.　82
4.　132
5.　134

【解説　No.　２】　**Ⅰ類事務、Ⅰ類技術、Ⅱ類**

指数とは、同一現象の時間的な変化（または場所的な変化）を、ある時点（または場所）を参考（100）として相対的に示すものである。

個々の商品の価格変化をみるのが価格指数、すなわち個別指数であるのに対し、個々の商品ではなく価格全体をまとめたものを物価といい、その変化をみるのが物価指数、すなわち総合指数である。総合指数の算式にはいくつかのものがあるが、基準時の数量を固定する「ラスパイレス式」と、比較時の数量を固定する「パーシェ式」が代表的である。

本設問で問われている「ラスパイレス式」では、総合指数は、「比較時の価格×基準時の数量／基準時の価格×基準時の数量×100」という計算式で求めることができる。問題文中の数値をあてはめると、(30×100)＋(80×200)／(50×100)＋(100×200)×100＝76となり、２．が正答となる。

正答　２

【No. 3】　社会権に関する記述として、妥当なのはどれか。

1. 社会権は、国家が国民生活に積極的に関与することなく国民が人間に値する生活を営むことを保障するものであり、基本的人権の中で最も古く唱えられたものであるとされる。

2. プログラム規定説では、憲法の生存権の規定は、国民に法的権利を保障したものであるが、それを具体化する法律によって初めて具体的な権利となるものであるとしている。

3. 最高裁判所は、朝日訴訟判決で、生存権を規定する憲法第25条第1項によって保障される健康で文化的な最低限度の生活水準は、客観的に決定できるため、厚生大臣の裁量の余地はないとした。

4. 教育を受ける権利は、国の介入、統制を加えられることなく教育を受けることができるという自由権としての側面と、国に対して教育制度の整備とそこでの適切な教育を要求するという社会権としての側面を持つとされる。

5. 憲法は、勤労者の団結権や団体交渉権は保障しているが、争議権については保障していないため、争議行為に伴い生じた民事上の債務不履行による賠償責任又は不法行為責任が免除されることはない。

【解説　No.　3】　　**Ⅰ類事務、Ⅰ類技術**

1．誤り。社会権は、国民が「人間に値する生活」を営むことができるように、国家に対して配慮を求めることができる権利をいい、「国家による自由」ともいわれる。資本主義の高度化に伴う労働条件の悪化、失業、貧困等の弊害から、社会的・経済的弱者を守る趣旨であり、20世紀的な人権である。
2．誤り。問題文の説明は、抽象的権利説に関する記述である。プログラム規定説とは、生存権は国家のプログラム（方針・綱領）を書いた規定であり、国家に対して政治的・道義的義務を課しているに過ぎないとする説である。
3．誤り。最高裁判所は、朝日訴訟判決において、健康で文化的な最低限度の生活水準は、厚生大臣の裁量に委ねられており、その判断は、直ちに違法の問題を生ずることはないとした。
4．正しい。
5．誤り。争議行為は、正当な限界をこえないかぎり、憲法の保障する権利の行使であり、正当な事由に基づくものとして、債務不履行による解雇、損害賠償、不法行為責任を生ずることはない（全逓東京中郵事件（最大判昭和41年10月26日））。

正答　4

【No. 4】　憲法に定める内閣に関する記述として、妥当なのはどれか。

1.　内閣は、最高裁判所の長たる裁判官を任命する場合、事前に国会の承認を経ることを必要とする。

2.　内閣は、条約の締結について、国会の承認を経ることを必要とせず、自らの責任で行うことができる。

3.　内閣は憲法及び法律の規定を実施するために政令を制定することができ、その政令には、特に法律の委任がない場合であっても、罰則を設けることができる。

4.　内閣は、大赦、特赦、減刑、刑の執行の免除及び復権を決定する場合、国会の承認を経ることを必要とする。

5.　内閣が憲法及び法律の規定を実施するための政令を制定する場合、その政令には、すべて主任の国務大臣が署名し、内閣総理大臣が連署することを必要とする。

【No. 5】　裁判官の身分保障に関する記述として、妥当なのはどれか。

1.　裁判官は、心身の故障のために職務を執ることができない場合は、裁判によることなく、当然に失職する。

2.　裁判官としての威信を著しく失う非行があった場合、当該裁判官は内閣の訴追に基づき国会議員をもって組織される弾劾裁判所によって罷免される。

3.　最高裁判所の裁判官は、任命後初めて行われる参議院議員選挙の際に国民審査に付され、その後10年を経過するごとに同様の審査に付される。

4.　裁判官の懲戒については、戒告、10万円以下の過料、職務の停止の三種類に限定されており、懲戒免官は認められていない。

5.　裁判官は、すべて定期に相当額の報酬を受け、その報酬は在任中に減額されることはない。

【解説　No.　4】　**Ⅰ類事務、Ⅰ類技術**

1．誤り。最高裁判所の長たる裁判官（最高裁判所長官）は、内閣の指名に基づき、天皇が任命する。
2．誤り。内閣は、条約締結権を有するが、事前に、時宜によっては事後に、国会の承認を経ることを有する。
3．誤り。政令には、特に法律の委任がある場合を除いては、罰則を設けることができない。前段は正しい。
4．誤り。恩赦を「決定」することは内閣の権能であり、国会の承認は要しない。なお、恩赦を「認証」することは天皇の権能である。
5．正しい。

正答　5

【解説　No.　5】　**Ⅰ類事務、Ⅰ類技術**

1．誤り。裁判官は、裁判により、心身の故障のために職務を執ることができないと決定された場合に罷免される。
2．誤り。裁判官に、職務の内外を問わず、裁判官としての威信を著しく失う非行があった場合、国会議員により組織された裁判官訴追委員会の訴追に基づき、国会議員をもって組織される弾劾裁判所が、当該裁判官を罷免するか否かの裁判を行う。なお、弾劾裁判の公正を確保するため、訴追委員と裁判員との兼任は、法律で禁止されている。
3．誤り。任命後初めて行われる衆議院議員選挙の際に国民審査に付され、その後10年を経過するごとに同様の審査に付される。
4．誤り。裁判官の懲戒は、戒告または１万円以下の過料に限定されている（裁判官分限法第２条）。
5．正しい。

正答　5

【No.　6】　行政行為の瑕疵に関する記述として、妥当なのはどれか。

1.　行政行為には公定力があるが、重大かつ明白な瑕疵がある場合には、当該行政行為は無効となる。

2.　瑕疵の治癒とは、その行政行為を別の行政行為として捉えれば適法と認められ、有効なものとして扱われることをいう。

3.　撤回とは、行政行為の適法な成立後、後発的な事情の変化により当該行為の維持が適当でなくなった場合に、これを過去に遡って無効とすることをいう。

4.　職権取消しとは、行政行為に瑕疵があり、当該行政行為が違法又は不当であったと判明したときに、その効力を将来的に無効とすることをいう。

5.　不可争力とは、一定期間が経過するまでは、私人の側から行政行為の効力を争うことができないことをいう。

【No.　7】　行政法上の行政機関に関する記述として、妥当なのはどれか。

1.　行政庁とは、行政上の権利義務を負い、自己の名と責任において行政活動を行う法人をいい、地方公共団体は行政庁の典型をなす。

2.　行政機関とは、行政庁の内部組織を構成する単位であり、行政庁の実際の活動を執り行うもので、諮問機関、参与機関、執行機関等に分類される。

3.　諮問機関とは、行政庁の諮問を受けて答申し、又は意見を具申する機関であるが、その答申や意見は行政庁を法的に拘束しない。

4.　参与機関とは、行政の中立的な運営の確保等を目的に設置される合議制の機関であり、行政委員会が該当する。

5.　執行機関とは、行政目的の実現のために日常的な業務を執行する機関であり、中央省庁や都道府県庁、市役所で働く一般職の公務員が該当する。

【解説　No.　６】　　**Ⅰ類事務、Ⅰ類技術**

1．正しい。
2．誤り。問題文の説明は、瑕疵（かし）の治癒ではなく「違法行為の転換」に関する記述である。瑕疵の治癒とは、違法な行政行為が、行政行為の後の事情の変化によって欠けていた適法要件が追完された場合に、適法なものとして扱われることをいう。
3．誤り。撤回とは、有効に成立した行政行為において、後発的事情を理由に、将来に向かってその効力を失わせる行政行為をいう。撤回は、行政行為が瑕疵なく成立していることを前提とするため、その性質上、将来に向かってのみ効力を有する。
4．誤り。職権取消しとは、有効に成立した行政行為について、その成立上の瑕疵を理由として、その効力を失わせる行政行為をいう。取消しは、行政行為に当初から瑕疵があったことを前提とするため、原則としてその効果は遡及（そきゅう）する。
5．誤り。不可争力とは、法定期間（出訴期間・不服申立期間）を経過すると、行政行為の相手方が、もはやその効力を争うことができなくなる効力をいう。

正答　1

【解説　No.　７】　　**Ⅰ類事務、Ⅰ類技術**

1．誤り。問題文の説明は、行政庁ではなく行政主体に関する記述である。法人格を有する行政主体に対し、行政主体のためにその手足として職務を行う機関を行政機関といい、行政機関には行政庁、補助機関、執行機関などが含まれる。問題文にある行政庁とは、行政主体のために意思決定を行い、外部に表示する権限を有する行政機関をいい、例えば、大臣、知事、市町村長などが挙げられる。
2．誤り。行政機関とは、行政庁ではなく行政主体の実際の活動を執り行うものである。行政機関の分類として、行政庁、補助機関、執行機関、諮問機関、参与期間、監査機関の六つが挙げられる。
3．正しい。
4．誤り。行政委員会は、参与機関ではなく行政庁に分類される。前段は正しい。
5．誤り。問題文の説明は、執行機関ではなく補助機関に関する記述である。執行機関とは、国民に対して実力を行使する権限を有する行政機関をいい、例えば、警察官、徴税職員、消防職員、自衛官が挙げられる。

正答　3

【No.　8】　教示制度に関する記述として、妥当なのはどれか。

1.　本制度は、行政不服審査法に基づく不服申立てについてのみ適用され、他の法令に基づく不服申立てには適用されない。
2.　行政庁は、不服申立てができる処分を口頭で行う場合であっても、不服申立ての方法を書面で教示しなければならない。
3.　行政庁がなすべき教示を怠った場合、行政庁の処分自体が違法となるため、行政庁は、当該処分を取り消さなければならない。
4.　行政庁が誤って法定期間より長い期間を不服申立期間として教示した場合には、法定期間を徒過していても、処分に対する不服申立てができる場合がある。
5.　行政庁が処分の相手方に教示すべき事項は、当該処分につき不服申立てをすることができる旨と不服申立てをすることができる期間の二項目である。

【No.　9】　行政立法に関する記述として、妥当なのはどれか。

1.　現行憲法下では、法規命令として、執行命令、委任命令のほか、行政権によって独自に立法することができる独立命令が認められている。
2.　通達は、上級行政機関と下級行政機関との間の事務連絡であるが、通達のみを根拠として国民の権利を直接制限することができる。
3.　執行命令は、法律の特別の委任に基づき、新たに国民の権利及び義務を創設する命令である。
4.　委任命令は、根拠となる法律が廃止された場合、法律に特段の定めのない限り、当該委任命令も、効力を失うものとされる。
5.　行政規則は、国民の権利・義務に直接変動をもたらす効果を持つものとされ、個別の法律の根拠がないと定めることはできない。

【解説　No.　８】　**Ⅰ類事務、Ⅰ類技術**

1．誤り。行政不服審査法の教示制度は、一般的教示制度であり、他の法令に基づく不服申立てにも適用される。
2．誤り。行政庁は、不服申立てができる処分を行う場合は、書面で教示しなければならないとされているが、当該処分を口頭で行う場合は、この限りではない。
3．誤り。行政庁が教示義務に違反して教示をしなかったときには、処分について不服のある者は、処分庁に不服申立書を提出することができる。
4．正しい。
5．誤り。教示事項は、当該処分につき不服申立てをすることができる旨と不服申立てをすべき行政庁、不服申立てをすることができる期間の３項目である。

正答　4

【解説　No.　９】　**Ⅰ類事務**

1．誤り。法規命令は、国民の権利義務を規律する性格を有するため、法律の授権（委任）が必要である。すなわち、独立命令、緊急命令は認められない。
2．誤り。通達は、上級行政機関が下級行政機関を指揮監督するために発する命令をいう。行政組織内部での命令にすぎず、国民の権利を直接制限するものではない。
3．誤り。問題文の説明は、執行命令ではなく委任命令に関する記述である。執行命令は、上級の法令の実施に必要な具体的な実施細目を定める法規命令である。
4．正しい。
5．誤り。行政規則とは、国民の権利義務を規律する法規たる性質を有しない行政法規である。行政機関内部でのみ効力を有し、外部的効力を有しないため、法律の授権は不要である。

正答　4

【No. 10】　行政裁量に関する記述として、妥当なのはどれか。

1.　行政裁量とは、裁判所が行政機関に対し、独自の判断の余地を与え、一定の活動の自由を認めている場合のことをいう。

2.　許容された行政機関の裁量権の範囲内であれば、行政行為が違法若しくは不当とされることはない。

3.　明治憲法下の行政法学説は、法令が一義的に定める羈束（きそく）行為を、法規裁量行為と自由裁量行為に区分していた。

4.　裁量の有無は、行政行為のうち、事実認定、手続きの選択、時の選択の三段階に焦点を当てた上で、それぞれの段階において検討される。

5.　最高裁が要件裁量を認めた判例として、在留外国人の在留期間について、更新事由の有無の判断を法務大臣の裁量に任せたマクリーン事件判決がある。

【No. 11】　行政手続法に関する記述として、妥当なのはどれか。

1.　行政庁は、申請に係る許認可等の判断に必要な審査基準を法令の趣旨を汲んで具体的に定め、ウェブサイトで公表しなければならない。

2.　行政庁は、申請により求められた許認可等を拒否する処分を書面により示した場合は、当該処分の拒否理由を書面以外の方法により示すことができる。

3.　行政庁は、申請者の求めがあった場合には、必ず当該申請に係る審査の状況及び処分の時期の見通しを示さなければならない。

4.　行政庁は、不利益処分に当たっては、実施される処分の内容、根拠、理由等を相手方にあらかじめ告知しなければならない。

5.　正式な聴聞手続を経て発せられた不利益処分に対してであっても、当事者は行政不服審査法による異議申立てをすることができる。

【解説　No.　10】　**Ⅰ類事務、Ⅰ類技術**

1．誤り。行政裁量とは、行政庁に認められる判断の余地のことである。法律の規定が不明瞭なため行政庁が独自の判断を加味して行うものであり、裁判所が判断の余地を与えるものではない。
2．誤り。裁量行為は、羈束（きそく）裁量行為（法規裁量）と便宜裁量行為（自由裁量）に分けられる。羈束裁量は、不確定概念を含むため、法律の文言は多義的・不明確に見えるが、客観的基準が存在するため、行政庁の自由な裁量は認められず、司法審査が及ぶ。例えば、憲法29条３項の「正当な補償」がある。一方、便宜裁量は、法律上の文言が多義的・不明確であり、客観的基準も存在しないため、原則として司法審査が及ばないが、裁量権の踰越（ゆえつ）や濫用（らんよう）がある場合には、司法審査が及ぶ。例えば、憲法25条の「健康で文化的な最低限度の生活」が挙げられる。
3．誤り。明治憲法下においては、要件裁量説と効果裁量説が対立した。要件裁量説とは、行政行為における裁量はもっぱら法律要件の認定面にあると考え、法律が要件を定めないとき、公益要件を掲げるときは便宜裁量とする。一方、効果裁量説とは、行政行為における裁量はもっぱら行政行為の発動や内容の決定にあると考え、その効果が国民の権利利益を制限するか付与するかにより羈束裁量と便宜裁量を区別する。
4．誤り。事実認定については、行政庁の自由裁量は認められず、司法審査が全面的に及ぶ。一方、要件の認定、効果の選択、手続の選択、時の選択については、行政庁の裁量が認められると解される。もっとも、行政権の踰越・濫用には司法審査が及ぶ。
5．正しい。

正答　5

【解説　No.　11】　**Ⅰ類事務、Ⅰ類技術**

1．誤り。行政庁は、許認可等の性質に照らしてできる限り具体的に審査基準を定めることとされているが、公表の方法については、「行政上特別の支障があるときを除き、法令により申請の提出先とされている機関の事務所における備付けその他の適当な方法により審査基準を公にしておかなければならない」と規定されており、公表の手段はウェブサイトに限られない。
2．誤り。申請により求められた許認可等を拒否する処分を書面で行うときは、拒否理由も書面により示さなければならない。
3．誤り。行政手続法は、「行政庁は、申請者の求めに応じ、当該申請に係る審査の進行状況及び当該申請に対する処分の時期の見通しを示すよう努めなければならない」と規定しているが、当該規定は法的義務ではなく、努力義務にとどまる。
4．正しい。
5．誤り。聴聞を経てされた不利益処分については、当事者及び参加人は、行政不服審査法による意義申立てをすることができない。聴聞手続においては、当事者等の防御権を厚く保護しているためである。

正答　4

【No. 12】　行政指導に関する記述として、妥当なのはどれか。

1. 行政指導は、その事実上の機能によって、助成的行政指導と調整的行政指導の二種類に区分される。
2. 助成的行政指導とは、私人間の紛争に行政が介入することでその解決を助成するために行われる行政指導をいう。
3. 申請に関連する行政指導については、行政指導に携わる者は、申請者が行政指導に従う意思がない旨を表明したにもかかわらず、行政指導を継続するようなことがあってはならない。
4. 行政指導を口頭で行う場合においては、行政指導に携わる者は、相手方から行政指導の趣旨や内容等を記載した書面を求められた時は、これを必ず交付しなければならない。
5. 行政指導は、相手方の任意を前提とする事実行為であるものの、行政行為と同様に、実施に際しては法律の根拠が必要である。

【No. 13】　代執行に関する記述として、妥当なのはどれか。

1. 代執行は、代替的作為義務又は非代替的作為義務について、これを履行しない義務者に代わって行政庁が行い、その費用を義務者から徴収する制度である。
2. 他の手段によって義務の履行を確保することができる場合には、義務の放置が著しく公益に反する場合に限り、代執行を行うことができる。
3. 非常又は危険切迫の場合において、緊急の必要があるときは、戒告・代執行令書の通知の手続を経る必要はない。
4. 代執行は、行政庁自らが行わなければならない旨が法に明記されており、行政庁は第三者にその行為をさせることができない。
5. 代執行に要した費用については、民事訴訟を提起して債務名義を取得した上で、本来の義務者から徴収することができる。

【解説　No.　12】　**Ⅰ類事務**

1．誤り。助成的行政指導と調整的行政指導のほかに、規制的行政指導など、機能の相違による分類は別にいくつかある。

2．誤り。問題文の説明は、調整的行政指導に関する記述である。助成的行政指導は、私人に対する情報を提供し、私人の活動を助成するために行うものである。例として、税務署の申告相談、転作農家に対する技術的助言などがある。

3．正しい。

4．誤り。行政指導が口頭でされた場合、相手方からその趣旨・内容・責任者を記載した書面の交付を求められたときは、原則としてこれを交付しなければならない。ただし、災害発生による緊急避難勧告のように、相手方に対しその場で完了する行為を求める行政指導については、書面の交付義務はない。

5．誤り。行政指導は、あくまで強制力のない、単なる事実上の協力要請に過ぎない。いわば非権力的事実行為であり、法律に根拠がなくても行政機関の独自の判断で行うことができる。

正答　3

【解説　No.　13】　**Ⅰ類事務、Ⅰ類技術**

1．誤り。代執行は、代替的作為義務の履行が無い場合に、行政庁自らが義務者のなすべき行為を行い、または他人にこれを行わせ、その費用を義務者から徴収する制度である。代執行の対象となるのは代替的作為義務（本人以外のものが代わってすることができる行政上の作為義務）のみであり、非代替的作為義務は代執行の対象とならない。

2．誤り。代執行の要件は、代替的作為義務が不履行であること、他の手段によってその履行を確保することが困難であること、その不履行を放置することが著しく公益に反すると認められることである。

3．正しい。

4．誤り。1．解説のとおり、行政庁以外の第三者に行わせることも可能である。

5．誤り。代執行に要した費用は、民事訴訟を提起することなく、義務者本人に納付が命じられる。義務者がこれを納付しないときは、国税滞納処分の例により、強制徴収することができる。

正答　3

【No. 14】　抗告訴訟に関する記述として、妥当なのはどれか。

1.　抗告訴訟は、行政事件訴訟法において、取消訴訟、無効等確認訴訟、義務付け訴訟、差止訴訟の４つに分類されている。

2.　取消訴訟とは、行政庁の処分その他公権力の行使に当たる行為の取消しを求める訴訟のことをいい、出訴期間は制限されていない。

3.　無効等確認訴訟とは、処分若しくは裁決の存否又はその効力の有無の確認を求める訴訟のことをいい、出訴期間が制限されている。

4.　義務付け訴訟とは、行政庁に処分又は裁決をすべき旨を命ずることを求める訴訟のことをいい、申請型と非申請型の２つに分類されている。

5.　差止訴訟とは、行政庁によってなされた処分又は裁決によって重大な損害が生じた際に提起することができる。

【No. 15】　国家賠償法に関する記述として、妥当なのはどれか。

1.　代位責任説とは、権力作用により損害が発生した場合は、国や公共団体が責任を負うべきであり、公務員の過誤は国や公共団体の過誤とする考え方である。

2.　損害賠償責任は、公権力の積極的な行使による侵害があった場合に認められ、不作為により損害を生じさせた場合は成立の余地がないとされる。

3.　公の営造物とは、国又は公共団体が公用又は公共の用に供している動産を除く有体物をいい、河川、池沼、海面、海浜などの自然公物も含まれる。

4.　公の営造物の設置管理の瑕疵による損害賠償については、公の営造物の設置管理の主体に故意又は過失があった場合に限り認められる。

5.　損害賠償を行った国又は公共団体は、その原因が特定の公務員の故意又は重過失にあったと認められるときは、当該公務員に対し求償権を行使できる。

【解説　No.　14】　**Ⅰ類事務**

1．誤り。抗告訴訟には、取消訴訟（処分取消しの訴え及び裁決取消しの訴え）、無効等確認訴訟、義務付け訴訟、差止訴訟のほか、不作為違法確認訴訟がある。

2．誤り。取消訴訟は、処分又は採決があったことを知った日から６カ月を経過したときは、取消訴訟を提起することができない。ただし、正当な理由があるときはこの限りでない。

3．誤り。無効等確認訴訟は、出訴期間には制限はない。不可争力が無いためである。前段は正しい。

4．正しい。

5．誤り。差止訴訟とは、行政庁が一定の処分又は採決をすべきでないにもかかわらず、これがされようとしている場合において、行政庁がその処分または裁決をしてはならない旨を命ずることを求める訴訟をいう。差止訴訟の提起は、一定の処分または裁決がされることにより重大な損害を損じるおそれがあり、かつ、その損害を避けるため他に適当な方法が無いときに認められる。また、法律上の利益も必要である。　**正答　4**

【解説　No.　15】　**Ⅰ類事務**

1．誤り。代位責任説とは、加害行為を行った公務員に不法行為責任が成立するが、その責任を国や公共団体が公務員に代わって負担するという考え方である。代位責任説に対して、国や公共団体が自己責任として損害賠償責任を負うという考え方を、自己責任説という。

2．誤り。裁判、立法、行政の不作為も、「公権力の行使」に含まれ、損害賠償責任が生じる。

3．誤り。「公の営造物」とは、国または公共団体によって公の目的のために供用されている有体物をいう。民法717条の「土地の定着物」より広い概念であり、不動産はもとより、土地に定着しない公用車、警察官が所持するピストルなどの動産も含まれる。後段は正しい。

4．誤り。公の営造物の設置管理の「瑕疵（かし）」とは、営造物が通常有すべき安全性を欠き、他人に危害を及ぼす危険性のある状態をいう。「瑕疵」は、客観的に存在するものであり、管理者の故意・過失を前提としないとするのが通説・判例である（客観説）。

5．正しい。　**正答　5**

【No. 16】　地方自治法に定める地方公共団体の区域に関する記述として、妥当なのはどれか。

1.　廃置分合とは、地方公共団体の新設又は廃止を伴う区域の変更であり、合体と編入の２種類に分けられる。

2.　境界変更とは、地方公共団体の法人格の変更を伴い、当該地方公共団体の区域が変わる場合をいう。

3.　市町村の廃置分合は、関係市町村長が都道府県知事と協議のうえ、総務大臣に直接届け出ることとされており、総務大臣の告示により効力を生ずる。

4.　総務大臣は、市町村の規模の適正化を図るため、市町村の廃置分合又は境界変更の計画を定めるよう、都道府県知事に勧告しなければならない。

5.　市町村の区域は都道府県の区域の一部をなしており、市町村の住民は、これを包括する都道府県の住民となる。

【No. 17】　地方自治法に定める条例に関する記述として、妥当なのはどれか。

1.　普通地方公共団体は、自治事務については、法令に違反しない限りにおいて条例を定めることができるが、法定受託事務については、法の委任があった場合に限り条例を定めることができる。

2.　条例には、条例に違反した者に対し、２年以下の懲役若しくは禁錮、100万円以下の罰金、拘留、科料若しくは没収の刑又は５万円以下の過料を科する旨の規定を設けることができる。

3.　条例が適用される範囲は、当該普通地方公共団体の住民に限定され、住民以外の者が当該普通地方公共団体の区域内で行った行為には条例の効力は及ばない。

4.　長は、議長から条例の送付を受けた場合において、再議その他の措置を講ずる場合も含め、その日から20日以内にこれを公布しなければならない。

5.　当該地方公共団体の選挙権を有する者は、その総数の50分の１以上の連署をもって、地方公共団体の行う全ての事務について条例の制定改廃の直接請求をすることができる。

【解説　No.　16】　Ⅰ類事務

1．誤り。廃置分合には、合併、編入、分割、分立がある。前段は正しい。
2．誤り。境界変更とは、地方公共団体の廃止または新設を生じない区域の変更である。法人格の変更は伴わない。
3．誤り。市町村の廃置分合は、市町村からの申請に基づき、都道府県知事が都道府県議会の議決を経て、総務大臣に届出を行う。市町村長が直接届出を行うものではない。後段は正しい。
4．誤り。平成11年以来、国主導で推進されてきた市町村合併も、平成22年３月の合併特例法の期限をもって一区切りとされ、国及び都道府県の積極的関与は廃止されている。現行法では、「都道府県知事は、市町村がその規模の適正化を図るのを援助するため、市町村の廃置分合又は市町村の境界変更の計画を定め、これを関係市町村に勧告することができる」と規定されている。
5．正しい。

正答　5

【解説　No.　17】　Ⅰ類事務、Ⅰ類技術

1．誤り。地方公共団体は、法令に違反しない限りにおいて地方公共団体の事務に関し、条例を制定することができる。明らかに他の法形式で定めることが法律に規定されている場合は別として、地方公共団体の事務である限り、自治事務についてはもちろん法定受託事務についても条例を制定しうるのが原則であり、法律の授権を必要とするものではない。
2．正しい。
3．誤り。条例の効力の及ぶ範囲は、地方公共団体の区域内に限られるが、その区域内においては、当該地方公共団体の住民であるか否かを問わず、すべての者に対して、条例が適用される。
4．誤り。長は、再議その他の措置を講じた場合を除き、送付を受けた日から20日以内に、その条例を公布しなければならない。
5．誤り。地方税の賦課徴収並びに分担金、使用料及び手数料の徴収に関する条例は、直接請求の対象とすることができない。前段は正しい。

正答　2

【No. 18】　地方自治法に定める普通地方公共団体の議会の議員に関する記述として、妥当なのはどれか。

1.　議員は、議会の会期中は逮捕されず、会期前に逮捕された場合でも、議会の要求があれば会期中は釈放されなければならない。

2.　議員の定数は、地方自治法において人口区分ごとにその上限数が定められており、これを超えてはならない。

3.　議員の身分は、原則として当選日当日に発生し、その任期は、補欠議員も含めて４年である。

4.　議員が兼業禁止の規定に該当するときはその職を失うが、この決定は地方公共団体の長が行う。

5.　議員は、衆議院議員、参議院議員、他の普通地方公共団体の議会の議員と兼ねることはできないが、一部事務組合の議会の議員と兼ねることはできる。

【No. 19】　普通地方公共団体の議会の議長又は副議長に関する記述として、妥当なのはどれか。

1.　普通地方公共団体の議会は、原則として副議長１人を置くが、条例で定めた場合には、これを置かないことができる。

2.　議長の任期は当該地方公共団体の条例により、副議長の任期は当該議会の会議則により、それぞれ定められている。

3.　議会又は議長の処分又は裁決に係る普通地方公共団体を被告とする訴訟については、議長が当該普通地方公共団体を代表する。

4.　議長及び副議長にともに事故があるときは、臨時議長を選挙し、議長の職務を行わせる。

5.　議長及び副議長を選挙する場合において、議長の職務を行う者がいないときは、出席議員の中で年長の議員が議長の職務を行い、これを仮議長という。

【解説　No.　18】　　**Ⅰ類事務、Ⅰ類技術**

1．誤り。地方公共団体の議会の議員は、国会議員と異なり不逮捕特権は与えられていない。

2．誤り。平成11年の地方分権一括法により、地方公共団体の議会に係る法定定数制度は廃止され、地方公共団体自らが議会の議決を経て条例により議員定数を定めることとされている。

3．誤り。議員の身分は、選挙の当選人の告示日から発生する。議員の任期は４年であるが、補欠議員の任期は前任者の残任期間である。

4．誤り。議員が兼業禁止の規定に該当するときは、その職を失うが、規定に該当するかどうかの決定は、議会が行うこととされている。

5．正しい。

正答　5

【解説　No.　19】　　**Ⅰ類事務**

1．誤り。議会は、議員のなかから議長及び副議長１人を選挙しなければならない。

2．誤り。議長及び副議長の任期は、議員の任期による。なお、議員の任期にかかわらず、１年ないし２年で交代する慣例をとる自治体も見受けられる。

3．正しい。

4．誤り。議長及び副議長ともに事故があるときは、仮議長を選挙して、議長の職務をおわせる。なお、議長、副議長及び仮議長の選挙を行う場合において、議長の職務を行う者がいないときは、年長の議員が臨時に職務を行うこととされており、これを臨時議長という。

5．誤り。本肢の記述は、仮議長ではなく臨時議長に関する説明である。

正答　3

【No. 20】　地方自治法に定める行政委員会に関する記述として、妥当なのはどれか。

1.　選挙管理委員、監査委員、公安委員会の委員、人事委員会の委員は、それぞれ解職請求の対象となる。

2.　行政委員会は、その事務局の運営に関して独立した権限を有しており、長はこれらの運営に関する事項について勧告することができない。

3.　行政委員会の予算を調整し、執行する権限及び決算を議会の認定に付する権限は、原則として、行政委員会に属する。

4.　行政委員会は、その権限に属する事務の一部を、長と協議して、長の補助機関である職員に委任し、若しくは補助執行させることができる。

5.　行政委員会は、地方公共団体の機関として独自の権限を義務づけられているので、市町村間において共同設置することはできない。

【No. 21】　地方自治法に定める契約に関する記述として、妥当なのはどれか。

1.　一般競争入札とは、買受者が口答で価格の競争をするいわゆる競売の方法であり、契約機会の均等及び公正性に優れている。

2.　工事又は製造の請負の契約については、予め契約内容の履行を確保するための最低制限価格を設け、これ以上の価格で申込みをした者のうち最低の価格で申込みをした者を落札者とする制度を、適用できない。

3.　指名競争入札ができるのは、契約の性質又は目的が一般競争入札に適しない場合、入札参加者が少数である場合及び一般競争入札に付することが不利な場合である。

4.　随意契約は、競争の方法によらず、任意に特定の相手を選んで契約を締結する方法であるが、情実に左右され、公正性の点で問題になりやすいことから、条例で定める場合に該当するときに限られる。

5.　契約の相手方をして、契約保証金を納付させた場合において、契約の相手方が契約上の義務を履行しないときは、その契約保証金は、裁判所に供託される。

【解説　No.　20】　Ⅰ類事務

1．誤り。解職請求の対象となる主要公務員は、議会の議員及び長、行政委員会の委員のうち選挙管理委員、監査委員、公安委員会委員、教育委員会委員、農業委員会委員、海区漁業調整委員会委員、及び庁の補助機関のうち副知事、副市長村長である。問題文中にある人事委員会の委員は、解職請求の対象ではない。

2．誤り。長及び行政委員会は、それぞれ独立して地方公共団体の運営に当たるが、行政の総合性、一体性を確保するために、長は、行政委員会に対して、その自主性、独立性を侵さない範囲で、各種の調整機能を果たす権限が与えられている。

3．誤り。行政委員会は、予算の調整及び執行、議案の提出、地方税、分担金等の徴収等及び決算の提出の権限を有しない。これらの権限は、地方公共団体の執行機関のなかで長のみが有しており、長の権限と責任において一元的に処理される。

4．正しい。

5．誤り。地方公共団体は、協議により規約を定め、共同して行政委員会及び委員（公安委員会を除く）を置くことができる。　**正答　4**

【解説　No.　21】　Ⅰ類事務、Ⅰ類技術

1．誤り。一般競争入札は、契約に関する公告をして、不特定多数人の参加を求め、地方公共団体に最も有利な価格で申込みをした者と契約を締結する方法である。後段は正しい。

2．誤り。いわゆる最低制限価格制度であり、工事又は請負の契約について予め契約内容の履行を確保するため最低制限価格を設け、これ以上の価格で申込みをした者のうち最低の価格をもって申込みをした者を落札者とすることができる。

3．正しい。

4．誤り。前段は正しいが、随意契約によることができるのは、条例で定める場合ではなく、契約の種類に応じ施行令で定める額の範囲内において地方公共団体の規則で定める額を超えない契約をする場合、契約の性質又は目的が競争入札に適しない場合、緊急の必要のある場合等である。

5．誤り。契約保証金を納付させた場合において、契約の相手方が契約上の義務を履行しないときは、その契約保証金は、当該普通地方公共団体に帰属する。ただし、損害の賠償又は違約金について契約で別段の定めをしたときは、その定めたところによる。　**正答　3**

【No. 22】　地方自治法に定める地方公共団体の収入に関する記述として、妥当なのはどれか。

1.　分担金は、数人又は普通地方公共団体の一部に対し利益のある事件に関し、必要な経費に充てるため、当該事件により特に利益を受ける者から、その受益の限度において徴収するものである。

2.　使用料は、地方公共団体が、行政財産の目的外使用、公の施設の利用又は普通財産の貸付の対価として徴収するものであり、使用料に関する事項については、条例で定める。

3.　地方公共団体が管理する国の営造物については、当該営造物の使用料を当該地方公共団体が徴収することはできない。

4.　地方公共団体は、不特定多数の者に提供する役務について、その費用を償うため、手数料を徴収することができる。

5.　手数料は、全国的に統一して定めることが必要な内容が含まれるため、手数料に関する事項は、必ず政令で定める。

【No. 23】　地方自治法に定める公の施設に関する記述として、妥当なのはどれか。

1.　公の施設は、住民の福祉を増進する目的を持ってその利用に供するための施設を言い、例として、公園、庁舎、流域下水道、公立学校等が挙げられる。

2.　普通地方公共団体は、条例で定める重要な公の施設のうち、条例で定める特に重要なものを廃止する際には、議会において出席議員の過半数の同意を得なければならない。

3.　普通地方公共団体は、必要があると認めるときは、条例の定めるところにより公の施設の管理を指定管理者に行わせることができるが、この場合の指定管理者は地方公共団体の出資する法人に限られる。

4.　指定管理者の指定は、期間を定めて行い、あらかじめ長の決定を経なければならない。

5.　普通地方公共団体は、適当と認めるときは、公の施設の利用料金を指定管理者の収入として収受させることができる。

【解説　No.　22】　**Ⅰ類事務、Ⅰ類技術**

1．正しい。
2．誤り。使用料は、行政財産の使用又は公の施設の利用に対しその対価たる反対給付として徴収されるものである。普通財産の使用は私法上の契約によって行われるため、使用料ではなく賃貸料が徴収される。後段は正しい。
3．誤り。地方公共団体又はその長が管理する国の営造物で当該地方公共団体がその管理に要する経費を負担するものについては、条例の定めるところにより、当該営造物の使用につき使用料を徴収することができる。これには、道路、河川等の例がある。
4．誤り。地方公共団体は、地方公共団体の事務で特定の者のためにするものにつき、手数料を徴収することができる。手数料は、特定の者に対して提供する役務の対価として徴収する報償的性格を有する反対給付であり、不特定多数の者に対して徴収するものではない。
5．誤り。分担金、使用料、加入金及び手数料に関する事項については、条例で定めなければならない。

正答　1

【解説　No.　23】　**Ⅰ類事務、Ⅰ類技術**

1．誤り。行政上の目的のために設置された施設であっても、住民の利用に供することを目的としないものは、公の施設に当たらない。庁舎は営造物ではあるが、公の施設ではない。
2．誤り。条例で定める重要な公の施設のうち条例で定める特に重要なものについて、これを廃止し、又は条例で定める長期かつ独占的な利用をさせようとするときは、議会において出席議員の３分の２以上の者の同意を得なければならない。
3．誤り。従前は、公の施設の管理は、出資法人等に限って委託することができるとされていたが、地方自治法改正により、平成18年９月以降、民間企業、第三セクター等多様な事業者が参入できるようになった。
4．誤り。指定管理者の指定は、期間を定めて行い、あらかじめ、当該普通地方公共団体の議会の議決を経なければならない。
5．正しい。

正答　5

【No. 24】　地方自治法に定める住民訴訟に関する記述として、妥当なのはどれか。

1.　住民は、普通地方公共団体の機関又は職員に違法な行為があると認めるときは、住民監査請求をしていなくても、住民訴訟を提起できる。
2.　住民訴訟において、財務会計上の違法な行為若しくは怠る事実に係る損害賠償又は不当利得の返還を求める場合は、損害を与えた、又は不当利得を得た当該職員個人に対し、直接請求しなければならない。
3.　普通地方公共団体の住民が提起した住民訴訟が係属しているときは、当該普通地方公共団体の他の住民は別訴をもって同一の請求をすることができない。
4.　住民訴訟の管轄は、当該普通地方公共団体の事務所の所在地を管轄する高等裁判所の管轄に専属する。
5.　住民訴訟において、損害賠償又は不当利得の返還の請求を命ずる判決が確定した場合には、普通地方公共団体は、直ちに当該請求を目的とする訴訟を提起しなければならない。

【No. 25】　地方自治法に定める広域連合に関する記述として、妥当なのはどれか。

1.　広域連合は、都道府県や政令指定都市と同じく、普通地方公共団体と位置づけられている。
2.　広域連合の職員は、当該広域連合を組織する地方公共団体の職員と兼ねることができない。
3.　広域連合の長は、政令で特別の定めをするものを除くほか、その規約で定めるところにより、広域連合の選挙人の投票又は広域連合を組織する地方公共団体の長の投票により選挙される。
4.　広域連合は、当該広域連合が設けられた後、速やかに、総務大臣の許可を得て、広域計画を作成しなければならない。
5.　広域計画の実施に支障があり、又は支障があるおそれがあると認めるときは、広域連合を組織する地方公共団体の長は、広域連合の長に対し、広域計画の実施に関し必要な措置を講ずべきことを勧告することができる。

【解説　No.　24】　**Ⅰ類事務、Ⅰ類技術**

1．誤り。住民訴訟は、あくまで住民監査請求を前提に提起できるものである。
2．誤り。いわゆる「4号請求」であるが、職員個人に限らず、当該普通地方公共団体の執行機関又は職員に対して求めることができる。
3．正しい。
4．誤り。住民訴訟は、当該普通地方公共団体の事務所の所在地を管轄する地方裁判所の管轄に専属する。
5．誤り。住民が地方公共団体に対して首長や職員に損害賠償等の請求を求める裁判を起こし、住民が勝訴した場合、判決に従って地方公共団体が首長や職員に損害賠償等を求めることになる。当該判決が確定した日から60日以内に当該請求に係る損害賠償金又は不当利得による返還金が支払われないときは、当該普通地方公共団体は、当該請求を目的とする訴訟を提起しなければならない。

正答　3

【解説　No.　25】

1．誤り。広域連合は、都道府県及び市町村の区域を超える多様化した広域行政のニーズに適切かつ効率的に対応するために、地方公共団体の組合の一類型として設けられた制度である。
2．誤り。地方公共団体の職員が広域連合へ派遣された場合、派遣元の地方公共団体の職員の身分と、広域連合の職員の身分とを併せて有することになる。
3．正しい。
4．誤り。広域連合は、その設置後、速やかに議会の議決を経て、広域計画を作成しなければならない。
5．誤り。広域連合の長は、当該広域連合を組織する地方公共団体の事務の処理が広域計画の実施に支障があり又は支障があるおそれがあると認めるときは、当該広域連合の議会の議決を経て、当該広域連合を組織する地方公共団体に対し、当該広域計画の実施に関し必要な措置を講ずべきことを勧告することができる。

正答　3

【No. 26】　地方公務員法に定める地方公務員の一般職及び特別職に関する記述として、妥当なのはどれか。

1.　地方公務員の職は、一般職と特別職に分類され、特別職に属する地方公務員の範囲は、地方公務員法に例示として掲げられている。

2.　地方公務員法の規定は、一般職に属する地方公務員に適用され、特別職に属する地方公務員には法律に特別の定がある場合に適用される。

3.　住民の公選により就任する知事は特別職であるが、住民の公選によらずに就任する監査委員の職は一般職である。

4.　都道府県労働委員会の常勤の委員は一般職の地方公務員であるが、非常勤の消防団員及び水防団員は特別職の地方公務員である。

5.　ある職が一般職に属するか特別職に属するか明らかでないときに、その区分を決定する権限は、人事委員会又は公平委員会に与えられている。

【No. 27】　地方公務員法に定める欠格条項に関する記述として、妥当なのはどれか。

1.　成年被後見人及び被保佐人は本人を保護するための制度であり、成年被後見人及び被保佐人は、欠格条項には該当しない。

2.　禁固以上の刑に処せられ、その執行を終わるまで又はその執行を受けることがなくなった後であっても、欠格条項に該当する。

3.　当該地方公共団体において分限免職の処分を受け、その処分の日から２年を経過しない者は欠格条項に該当する。

4.　日本国憲法又はその下に成立した政府を暴力で破壊することを主張する政党に加入しただけの者は、欠格条項に該当しない。

5.　欠格者の採用は当然に無効であり、したがって、この間にその者が行った行為も、無効であるとされる。

【解説　No.　26】　**Ⅰ類事務、Ⅰ類技術、Ⅱ類**

1．誤り。特別職に属する地方公務員の範囲は、地方公務員法に列記されており、特別職に属する職以外の一切の職を一般職であると規定している。
2．正しい。
3．誤り。特別職は住民の公選によるものに限らず、議会の選挙によるもの、議会の同意によるもの等がある。監査委員は議会の同意により就任するものであり、特別職である。
4．誤り。都道府県労働委員会の常勤の委員は、特別職の地方公務員である。後段は正しい。
5．誤り。国家公務員については、国家公務員法において、その職が一般職か特別職のいずれに属するかを決定する権限が人事院に与えられているが、地方公務員については、これに相当する規定はない。

正答　2

【解説　No.　27】　**Ⅰ類事務、Ⅰ類技術、Ⅱ類**

1．正しい。
2．誤り。欠格条項に該当するのは、禁固以上の刑に処せられ、その執行を終わるまでの者又はその執行を受けることがなくなるまでの者である。執行を受けることがなくなった後は、欠格条項に該当しない。
3．誤り。欠格条項に該当するのは、分限免職ではなく、懲戒免職を受け、その処分の日から2年を経過しない者である。
4．誤り。日本国憲法またはその下に成立した政府を暴力で破壊することを主張する政党その他の団体を結成し、またはこれに加入した者は、欠格条項に該当する。
5．誤り。欠格者の任用は当然に無効であるが、この間にその者が行った行為については、事実上の公務員の理論により、効力は妨げられないと解されている。

正答　1

【No. 28】　地方公共団体の一般職の任期付職員の採用に関する記述として、妥当なのはどれか。

1.　一般職の任期付職員の採用は、「地方公共団体の一般職の任期付職員の採用に関する法律」に基づき、条例の定めるところにより、行うことができる。
2.　一定の期間内に終了することが見込まれる業務又は一定期間内に限り業務量の増加が見込まれる業務に関して、職員の任期を定めて採用する場合は、選考によることと規定されている。
3.　特定任期付職員とは、住民に対して直接提供されるサービスの提供時間を延長する場合において、採用することができる職員である。
4.　一般任期付職員とは、高度な専門的知識経験等を一定の期間活用して遂行することが必要とされる業務に従事させる場合に、採用することができる職員である。
5.　特定任期付職員及び一般任期付職員の任期は、3年を超えない範囲内で任命権者が定め、その任期が3年に満たない場合にあっては、採用した日から3年を超えない範囲で更新できると規定されている。

【No. 29】　地方公務員法に定める条件付採用に関する記述として、妥当なのはどれか。

1.　職員の採用は、臨時的任用又は非常勤職員の任用の場合を除き、全て条件付のものとすると定められている。
2.　条件付採用期間中の職員が、条件付採用期間を経過した後に正式に採用されるためには、人事委員会又は公平委員会による新たな通知が必要とされている。
3.　条件付採用期間中の職員について、その職務能力の実証が得られない客観的事情がある時は、人事委員会又は公平委員会は、条件付採用期間を2年に至るまで延長することができる。
4.　条件付採用期間中の職員は、不利益処分に関する不服申し立てをすることはできないが、勤務条件に関する措置要求や職員団体への加入については、正式職員と同様の取扱いがなされる。
5.　条件付採用期間中の職員については、分限処分に関する規定が適用されないことから、地方公共団体は、条件付採用期間中の職員の分限について、必要な事項を定めることはできない。

【解説　No.　28】　　　　**Ⅰ類事務**

1．正しい。
2．誤り。本肢の記述は、「その他の任期付職員」に関するものであるが、採用方法は、競争試験又は選考によると規定されている。
3．誤り。本肢の記述は、「任期付短時間勤務職員」に関する説明である。特定任期付職員とは、高度の専門的な知識経験又は優れた識見を有する者をその者が有する当該高度の専門的な知識経験又は優れた識見を一定の期間活用して遂行することが特に必要とされる業務に従事させる場合に、選考により、任期を定めて採用することができる職員である。
4．誤り。本肢の記述は、「特定任期付職員」に関する説明である。一般任期付職員とは、専門的な知識経験を有する者を専門的な知識経験が必要とされる業務に従事させることが公務の能率的運営を確保するために必要な場合であって、専門的な知識経験を有する職員の育成に相当の期間を要するため、適任の職員を確保することが一定の期間困難であるときや、急速に進歩する技術などその性質上専門的な知識経験を有効に活用できる期間が一定の期間に限られるとき等に、選考により任期を定めて採用するものである。
5．誤り。特定任期付職員及び一般任期付職員の任期は、いずれも５年を超えない範囲内で任命権者が定め、その任期が５年に満たない場合にあっては、採用した日から５年を超えない範囲で更新できる。　　**正答　1**

【解説　No.　29】　　　　**Ⅰ類事務**

1．誤り。令和２年４月施行の改正地方公務員法により、非常勤職員を含む全ての一般職の職員について条件付採用が適用されることとなった。
2．誤り。良好な勤務成績で条件付採用期間を経過した職員は、その終了の日の翌日に正式採用となるものであり、正式採用について別段の通知又は発令行為は要しないものとされている。
3．誤り。条件付採用期間は原則として６カ月であるが、例えば病気等により実際の勤務日数が少なく、この期間においてその職員の能力が十分に実証できないような場合には、この期間を１年に至るまで延長することができる。ここで、１年を限度としているのは、職員の身分を長期にわたって不安定な状態に置くべきではないとする趣旨である。
4．正しい。
5．誤り。条件付採用期間中の職員に対する分限については、条例で必要な事項を定めることができると規定されている。　　**正答　4**

【No. 30】　地方公務員法に定める法令等及び上司の職務上の命令に従う義務に関する記述として、妥当なのはどれか。

1.　職員は、職務を遂行するに当たっては、法律、条令、規則などの法令に従わなければならないが、法令でない訓令、通達についてはその義務はない。
2.　職員は、上司の職務上の命令に従う義務があり、職務上の命令は、職務上の上司だけでなく、身分上の上司も発することができる。
3.　職員は、その職務を遂行するに当たって、上司の職務上の命令に忠実に従わなければならず、違反した場合は、懲戒処分の対象となる。
4.　職員は、階層的に上下の関係にある二人の上司から矛盾する命令を受けた場合は、直近の上司の命令に従う義務を負うとされている。
5.　重大かつ明白な瑕疵のある職務命令は無効であり、当該命令に従った職員は、その行為及び結果について責任を負う必要はない。

【No. 31】　地方公務員法に定める秘密を守る義務に関する記述として、妥当なのはどれか。

1.　秘密とは、一般に了知されていない事実であって、それを了知せしめることが一定の利益侵害になると客観的に考えられる公的な秘密であり、個人的秘密は、地方公務員法が定める秘密に該当しない。
2.　秘密に属する文書を外部の者が読んでいるのを、その文書の管理責任者が故意に黙認することは、秘密を漏らすことに当たらないと解されている。
3.　職務上の秘密とは、職務の執行に関連して知り得た秘密であり、所管外の事項も含まれる。
4.　任命権者は、職員が法令による証人等となって職務上の秘密を発表する必要がある場合、法律に特別の定めがある場合を除き、職員が職務上の秘密を発表することの許可を拒むことができる。
5.　職務上の秘密に属しない職務上知り得た秘密について、法令による証人等となって発表する場合には、任命権者の許可を要しない。

【解説　No.　30】　　　　　　　　　　**Ⅰ類事務、Ⅰ類技術、Ⅱ類**

1．誤り。職員は、その職務を遂行するに当たって、法令、条例、地方公共団体の規則及び地方公共団体の機関の定める規程に従い、且つ、上司の職務上の命令に忠実に従わなければならないが、任命権者やその命を受けたものが定める「訓令」も、ここでいう「規程」に含まれるものと解される。

2．誤り。上司は、職務上の上司と身分上の上司とに分けることができるが、職務上の命令は、職務上の上司のみが発しうる。なお、身分上の命令は、職務上の上司及び身分上の上司いずれもが発しうる。

3．正しい。

4．誤り。職層的に上下の関係にある二以上の上司が同一事項について異なる職務命令を発したときは、上位の上司の職務命令が優先する。例えば、所属の部長と課長の命令が矛盾するときは、部長の命令が優先する。

5．誤り。職務命令に重大かつ明白な瑕疵（かし）がある場合、当該命令は当然無効であり、部下はこれに従う義務はない。当然無効の職務命令に従った職員は、その行為及びそれによって生じた結果について責任を負わなければならない。

正答　3

【解説　No.　31】　　　　　　　　　　**Ⅰ類事務、Ⅰ類技術、Ⅱ類**

1．誤り。公務員の所掌事務に属する秘密だけではなく、公務員が職務を遂行する上で知ることができた私人の秘密であって、それが公にされることにより、私人との信頼関係が損なわれ、公務の公正かつ円滑な運営に支障をきたすこととなるものも含まれる。

2．誤り。秘密事項の漏えいには、秘密事項を文書やインターネットで表示すること、口頭で伝達することのほか、秘密事項の漏えいを黙認するという不作為も含まれる。

3．誤り。本肢の記述は「職務上知り得た秘密」についての説明である。「職務上の秘密」は、職員の職務上の所管に関する秘密に限定される。

4．誤り。任命権者は、法律に特別の定めがある場合以外は、許可を与えなければならないと規定されている。

5．正しい。

正答　5

【No. 32】　地方公務員法に定める職務専念義務に関し、この法律に基づき職務に専念する義務が免除されているものとして、妥当なのはどれか。

1.　感染症の予防又は家畜伝染病の予防のための通行遮断の場合
2.　厚生に関する計画の実施に参加する場合
3.　高齢者部分休業の承認を受けた場合
4.　裁判員、証人、鑑定人等として国会、裁判所等に出頭する場合
5.　選挙権その他の公民としての権利を行使する場合

【No. 33】　地方公務員法に定める営利企業等の従事制限に関する記述として、妥当なのはどれか。

1.　職員が、商業、工業又は金融業その他営利を目的とする私企業の役員になる場合は、原則として任命権者の許可を要するが、勤務時間外に従事し、かつ無報酬である場合に限り、任命権者の許可を要しない。
2.　職員は、営利を目的としない消費生活協同組合等の役員を兼ねる場合、報酬を受けなければ任命権者の許可を受ける必要はない。
3.　職員は、任命権者の許可を受けなければ、報酬を得ていかなる事業又は事務に従事することはできず、報酬には、給与、手当のほか、講演料、原稿料などの謝金も該当するとされている。
4.　職員が営利企業等の従事に関して任命権者の許可を受けた場合は、当然に、職務専念義務の免除がなされたものと解される。
5.　非常勤職員及び短時間勤務の職を占める職員は、営利企業等の従事制限に関する規定の適用を受けないものとされている。

【解説　No.　32】　　　　　　　　　　Ⅰ類事務、Ⅰ類技術、Ⅱ類

法律に基づく職務専念義務の免除には、休職、停職、在籍専従の許可、適法な交渉への参加、病者の就業停止、育児休業及び部分休業、育児短時間勤務、介護休暇、自己啓発等休業、配偶者同行休業、大学院就学休業が挙げられる。したがって、本肢で掲げられているもののうち、法律に基づく職務専念義務免除は、3．である。

正答　3

【解説　No.　33】　　　　　　　　　　Ⅰ類事務、Ⅰ類技術、Ⅱ類

1．誤り。職員が営利企業に従事しようとするときは、その従事する時間が勤務時間の内であれ外であれ、任命権者の許可が必要である。

2．正しい。

3．誤り。報酬とは、給料、手当その他名称いかんにかかわらず、労働の対価として支払われる給付をいう。労働の対価ではない給付、例えば旅費等の費用弁償や、講演料、原稿料などもそれが単なる謝礼であれば報酬には該当しない。

4．誤り。任命権者の許可を受けた場合でも、職務専念義務は当然に免除されるものではないため、勤務時間中に従事する場合は、職務専念義務の免除または年次有給休暇の承認を得る必要がある。

5．誤り。営利企業への従事制限の規定は、パートタイムの会計年度任用職員には適用されないが、フルタイムの会計年度任用職員には適用される。

正答　2

【No. 34】　地方公務員法に定める勤務条件に関する措置の要求に関する記述として、妥当なのはどれか。

1.　措置要求制度は、正式に任用された職員に労働基本権制限の代償措置として認められたものであり、臨時的任用職員は措置要求を行うことはできない。
2.　措置要求は、職員が単独又は他の職員と共同して行うことができるほか、職員団体も行うことができる。
3.　人事委員会は、措置要求者からの請求があったときは、口頭審理を行わなければならないと定められている。
4.　措置要求についての人事委員会の勧告は、法的な拘束力を有するものではないが、勧告を受けた地方公共団体の機関は、その実現に向けて努めなければならないとされている。
5.　職員は、措置要求に対する判定があった場合、同一職員が同一事項について改めて措置の要求をすることはできないが、再審を請求して判定の修正を求めることはできる。

【No. 35】　次のＡ～Ｅのうち、地方公務員法の罰則の適用があるものの組合せとして、妥当なのはどれか。

Ａ　職員が、政府を暴力で破壊することを主張する団体を結成した場合
Ｂ　職員が、職務としての自動車運転中に道路交通法令に違反した場合
Ｃ　職員が、職員の争議行為を共謀するとともにそそのかした場合
Ｄ　職員が、任命権者の許可を受けないで自ら営利企業を営んだ場合
Ｅ　職員が、不利益処分に関する不服申し立ての審査のため、人事委員会から証人喚問を受け虚偽の陳述をした場合

1.　Ａ、Ｃ
2.　Ａ、Ｄ
3.　Ｂ、Ｄ
4.　Ｂ、Ｅ
5.　Ｃ、Ｅ

【解説　No.　34】　　Ⅰ類事務、Ⅰ類技術、Ⅱ類

1．誤り。措置要求を行うことができる職員には、臨時職員や条件付採用期間中の職員も含まれる。なお、既に退職したものは措置要求を行うことができない。
2．誤り。措置要求は、職員が単独又は他の職員と共同して行うことができるが、職員団体は一般的な勤務条件のみならず、職員個々の具体的な勤務条件についても措置要求できない。
3．誤り。人事委員会は、措置要求者からの請求があったときは、口頭審理その他の方法による審査を行うこととされている。すなわち、口頭審理のほか書面審理等により行うことも可能である。
4．正しい。
5．誤り。措置要求に対する判定についての再審の手続はないが、措置要求が違法に却下されたり、審査手続が違法に行われた場合は、取消訴訟の対象となる。

正答　4

【解説　No.　35】　　Ⅰ類事務、Ⅰ類技術、Ⅱ類

地方公務員が地方公務員法または同法に定める法律の服務規定に違反した場合には、行政罰としての懲戒処分に付せられるところであるが、一定の法律違反に対しては、刑罰としての罰則が定められている。

問題文中、Aは、地方公務員法の罰則適用対象ではなく、欠格条項に当たるものである。Bは、地方公務員法の罰則適用対象ではないが、道路交通法令に基づく罰則や、法令違反等による懲戒処分に付されうる。Cは、地方公務員法の罰則適用対象である。Dは、地方公務員法の罰則適用対象ではないが、営利企業等の従事制限に違反し、懲戒処分の対象となりうる。Eは、地方公務員法の罰則適用対象である。したがって、罰則適用があるのはC及びEであり、5．が正答となる。

正答　5

【No. 36】　特別区に関する記述として、妥当なのはどれか。

1.　特別区は、普通地方公共団体として位置づけられ、原則として、一般の市の事務を処理する。

2.　一般の市の事務であっても、特別区の存する区域において行政の一体性及び統一性の確保の観点から一体的処理が必要な事務は、都の事務とされている。

3.　都区協議会は、都及び特別区の事務処理について、都と特別区及び特別区相互の間の連絡調整を図るため、都と特別区が任意に設置した機関である。

4.　特別区は、都の同意を得れば、法定外普通税及び法定外目的税を設けることができる。

5.　特別区が起債する場合には総務大臣の許可が必要であり、自らの普通税の税率が標準税率未満である場合、起債の制限を受ける。

【No. 37】　職員の給与に関する記述として、妥当なのはどれか。

1.　給与とは、職員の勤務に対する報酬として支給される金品をいい、給料のほか、地域手当や扶養手当などの諸手当や旅費が含まれる。

2.　地方公共団体は、いかなる給与その他の給付も法律又はこれに基づく条例に基づかずには支給することができない。

3.　職員の給与には平等取扱いの原則が適用されないため、職務の質と責任の度合いに対応してそれぞれ異なる給与が支給されるべきとされている。

4.　給与均衡の原則とは、職員の給与は、社会・経済情勢と均衡がとれるよう、食糧費などの生計費を最大限考慮して決定されなければならないとする原則である。

5.　職務の級は、職員の職務を複雑・困難及び責任の度合いに応じて分類したものであり、昇給とは、職員の職務の級をその上位の級に変更することを言う。

【解説　No.　36】　　　　　　　　Ⅰ類事務、Ⅰ類技術、Ⅱ類

1．誤り。特別区は特別地方公共団体である。原則として、一般の市の事務を処理する点については正しい（『職員ハンドブック2021』97ページ）。

2．正しい。

3．誤り。都区協議会は、都及び特別区の事務の処理について、都と特別区及び特別区相互の間の連絡調整を図るため、都及び特別区をもって設けることが法定されている（『職員ハンドブック2021』98ページ）。

4．誤り。特別区は、市町村と同様に、法定外普通税及び法定外目的税を設けることができる。平成12年4月の都区制度改革により、都の同意は廃止されている（『職員ハンドブック2021』101ページ）。

5．誤り。平成12年4月の都区制度改革により、起債の許可権者は、自治大臣から都知事へと変更となった。起債の制限については、自らの普通税のほかに、都区財政調整制度の調整税（特別土地保有税を除く）の税率が標準税率未満である場合に限り、制限を受けることになった（『職員ハンドブック2021』101ページ）。

正答　2

【解説　No.　37】　　　　　　　　Ⅰ類事務、Ⅰ類技術、Ⅱ類

1．誤り。実費弁償としての旅費や、公務災害補償制度に基づく給付、共済制度に基づく給付などは、勤務に対する報酬ではないので給与には含まれない。

2．正しい。

3．誤り。憲法14条に定める平等取扱いの原則は、職員の給与についても適用される。もちろん、個々の職員の具体的な給与は、職務の質や責任の度合い、職員の職務遂行能力や勤務成績等によって決定されるが、このことは、平等取扱いの原則に反するものではない（『職員ハンドブック2021』227ページ）。

4．誤り。給与均衡の原則とは、職員の給与は、国及び他の地方公共団体の職員並びに民間事業の従事者の給与その他の事情を考慮して定められなければならないとする原則である（『職員ハンドブック2021』228ページ）。

5．誤り。昇格とは、職員の職務の級をその上位の級に変更することをいう。職務の級は、職員の職務を複雑・困難及び責任の度合いに応じて分類したものであり、その分類の基準となるべき職務の内容は、給与条例に等級別基準職務表として定められている。なお、問題文の記述は、昇格についての説明である（『職員ハンドブック2021』231ページ）。

正答　2

【No. 38】　職員の勤務時間に関する記述として、妥当なのはどれか。

1.　一般職の地方公務員の勤務時間には、労働基準法ではなく、職員の勤務時間、休日、休暇等に関する条例が適用される。

2.　正規の勤務時間は、1週間について38時間45分とされているが、ここでの1週間とは、月曜日から金曜日までの5日間をいう。

3.　フレックスタイム制職員については、職員の申告を経て、暦日を単位として、平日の範囲内において正規の勤務時間が割り振られる。

4.　休憩時間は、勤務時間が6時間を超える場合は少なくとも1時間、8時間を超える場合は少なくとも1時間30分を、勤務時間の途中に置かなくてはならない。

5.　週休日とは、特に勤務することを命ぜられる場合を除き、正規の勤務時間においても勤務することを要しない日をいう。

【No. 39】　職員団体等に関する記述として、妥当なのはどれか。

1.　職員の労働関係は、オープン・ショップ制又はクローズド・ショップ制いずれも認められており、職員は職員団体に加入し、又は加入しないことができる。

2.　管理職員も職員団体を結成することができ、かつ管理職員とそれ以外の一般職員とが一体となって同一の地方公務員法上の職員団体を組織することもできる。

3.　企業職員で構成する労働組合において、使用者の利益を代表する者は労働組合に参加することができず、その範囲は、労働委員会が認定して告示する。

4.　職員団体の登録制度は、職員団体が自主的かつ民主的に組織されていることを証明する一種の公証行為であり、総務局が登録事務を所掌する。

5.　在籍専従は任命権者が3年を限度に期間を定めて許可でき、在籍専従中の給与は支給されないが、在籍専従期間は退職手当の算定期間に含まれる。

【解説　No.　38】　　**Ⅰ類事務、Ⅰ類技術、Ⅱ類**

1．誤り。一般職の地方公務員の「給与、勤務時間その他の勤務条件」は、地方公務法第24条第５項の規定により条例で定めることとされているが、労働基準法及び船員法についても、特定の規定（変形労働時間制、裁量労働、災害補償、就業規則に関するもの等）を除き地方公務員にも適用される。そのため、職員の勤務時間等を条例で定めるに当たっては、労働基準法等に定める基準を下回ることはできない。同時に、国及び他の地方公共団体の職員との間に権衡を失しないように適当な考慮が払われなければならない（『職員ハンドブック2021』245ページ）。

2．誤り。１週間あたり38時間45分とする点については正しいが、ここでの１週間とは、日曜日から土曜日までの７日間をいう（『職員ハンドブック2021』248ページ）。

3．正しい。

4．誤り。勤務時間が６時間を超える場合は少なくとも45分、８時間を超える場合は１時間、継続して１昼夜にわたる場合は１時間30分以上の休憩時間を与えることとされている（『職員ハンドブック2021』251ページ）。

5．誤り。週休日とは、本来職員が勤務する義務を課せられていない日（正規の勤務時間を割り振られていない日）をいう。問題文の記述は、休日についての説明である（『職員ハンドブック2021』251ページ）。　**正答　3**

【解説　No.　39】　　**Ⅰ類事務、Ⅰ類技術、Ⅱ類**

1．誤り。職員は、職員団体又は労働組合を結成し、若しくは結成せず、又はこれに加入し、若しくは加入しないことができるとされている。すなわち、職員の労働関係については、オープン・ショップ制のみが認められている（『職員ハンドブック2021』309ページ）。

2．誤り。職員団体の場合、管理職員等も一般職員である以上、職員団体を結成することはできるが、管理職員等とそれ以外の一般職員とが一体となって同一の職員団体を組織することはできないとされている（『職員ハンドブック2021』310ページ）。

3．正しい。

4．誤り。登録事務は、人事委員会又は公平委員会が第三者機関として所掌する。前段は正しい（『職員ハンドブック2021』310ページ）。

5．誤り。在籍専従の許可期間は、職員団体にあっては、７年の範囲で人委規則で定める期間、労働組合にあっては、当分の間、労働協約を結ぶことにより、地方公共団体の職員としての在職期間を通じて７年以下の期間とされている。また、在籍専従の期間は、退職手当の算定期間に算入されないが、共済年金の算定期間には算入される（『職員ハンドブック2021』314ページ）。

正答　3

【No. 40】　都における事案の決定に関する記述として、妥当なのはどれか。

1.　起案者は、起案文書の内容について責任を有するため、自ら起案文書を作成しなければならない。

2.　決定関与の審査とは、主管の系列に属する者がその職位との関連において、起案文書について調査検討し、その内容及び形式に対する意見を決定権者に表明することをいう。

3.　知事が決定する事案について、審査は主管に係る局長及び部長が行い、審議は文書課長が専任で行う。

4.　事務事業をより合理的かつ実際的なものとするため、事案決定規程において決定権の委譲を認める場合とは、知事から副知事へ委譲する場合、副知事から局長へ委譲する場合、局長から部長へ又は部長から課長へ委譲する場合である。

5.　決定関与についても、事案の決定権の委譲及び決定の臨時代行の場合と同様に、協議権の委譲及び審議又は協議の臨時代行ができる。

【No. 41】　公告に関する記述として、妥当なのはどれか。

1.　公告とは、広義では、公の機関が特定の事項を広く一般の人に知らせることをいい、狭義では、公布及び告示のことをいう。

2.　条例は、原則として東京都公報への登載又は都庁内の掲示場への掲示により公布しなければならない。

3.　規則は、長が定める内部規則であることから、条例と異なり、公衆の見やすい場所に掲示することにより公布できる。

4.　東京都公報の発行及び登載手続については、東京都公報発行規則により定められており、総務局長が特に必要と認めた場合、臨時に増刊を発行できる。

5.　東京都公報は、土日も含めて毎日逐号発行することとされており、休刊日は、登載すべき事項がない日及び12月29日から翌年の１月４日までの日のみである。

【解説　No.　40】　　　　　　　　　　Ⅰ類事務、Ⅰ類技術、Ⅱ類

1．誤り。起案者は、起案文書の内容について責任を有する者という意味であるから、必ずしも自ら起案文書を作成する必要はなく、起案者と別に起案文書を作成する者が存在しても差し支えない。この場合の起案文書の作成者を「事務担当者」という（『職員ハンドブック2021』329ページ）。

2．誤り。審査とは、主として法令の適用関係の適正化を図る目的で起案文書について調査検討し、その内容及び形式に対する意見を決定権者に表明することをいう。問題文の記述は、審議についての説明である（『職員ハンドブック2021』331ページ）。

3．誤り。審査は文書課長並びに主管に係る文書主任及び文書取扱主任が行い、審議は関連副知事並びに主管に係る局長及び次長（事案の性質に応じ担当局長、技監、危機管理監又は道路監を含む）が行う（『職員ハンドブック2021』331ページ）。

4．誤り。決定権の委譲が認められるのは、「知事から副知事へ委譲する場合」「知事から局長へ委譲する場合」「局長から部長へ、又は部長から課長へ委譲する場合」の三つの場合である（『職員ハンドブック2021』330ページ）。

5．正しい。

正答　5

【解説　No.　41】　　　　　　　　　　Ⅰ類事務、Ⅰ類技術、Ⅱ類

1．誤り。狭義の公告は、公布及び告示以外で、公の機関が広く一般に一定事項を周知せしめようとする行為の形式である（『職員ハンドブック2021』365ページ）。

2．誤り。条例は、原則として東京都公報への登載によることとされており、天災事変等で、東京都公報による公布が不可能なときは、都庁内の掲示場及び公衆の見やすい場所に掲示して、これに代えることができる（『職員ハンドブック2021』365ページ）。

3．誤り。規則についても、条例と同様に、原則として東京都公報登載により公布を行う（『職員ハンドブック2021』365ページ）。

4．正しい。

5．誤り。公報は、毎日逐号発行するが、日曜日、土曜日、国民の祝日に関する法律に定める休日及び12月29日から翌年の1月4日まで（前記の休日を除く）は発行しない。なお、総務局長が特に必要があると認めたときは、臨時に増刊を発行することができる（『職員ハンドブック2021』365ページ）。

正答　4

【No. 42】　都における行政財産に関する記述として、妥当なのはどれか。

1. 行政財産とは、普通地方公共団体において公用又は公共用に供し、又は供することと決定した財産であり、道路は公共用財産に、庁舎は公用財産に分類される。
2. 行政財産に私権を設定することはできないが、その用途又は目的を妨げない範囲であれば、これを貸し付けることができる。
3. 行政財産の使用許可については、許可できる範囲は制限されていないが、使用許可の期間は原則として1年以内に限られている。
4. 行政財産の使用を一旦許可した場合は、その財産を公用若しくは公共用に供する必要が生じたときであっても、その許可を取り消すことができない。
5. 知事の管理する行政財産の用途を廃止した時は、その管理権限を有し又は分掌する局の長は、当該行政財産を普通財産として管理していかなければならない。

【No. 43】　都の一般会計における予算事務手続に関する記述として、妥当なのはどれか。

1. 予算が成立したときは、財務局長は、予算が成立したことを会計管理者に通知し、会計管理者は、局長にその所管する局の事業に係る予算の内容を通知しなければならない。
2. 財務局長は、局長から提出された予算執行計画の見積りを審査し、適正と認めたときは、速やかに歳出予算を局長に配当しなければならないが、必要に応じて、会計管理者の承認を得て配当を保留することができる。
3. 歳出予算の配当を受けた局長は、当該局が実施するよりも他の局が行った方が能率的な実施が図られる事業の場合、他の局長に執行の委任をすることができる。
4. 歳出予算の流用に関し、各節の間での流用については、同一の目の中であれば、財務局長に事後に報告する必要があるが、各目の間での流用については、やむを得ない場合に限り、財務局長に協議をした後で実施することができる。
5. 都税及び都税に係る税外収入に係る不納欠損処分をしようとするときは、あらかじめ財務局長に協議しなければならない。

【解説　No.　42】　**Ⅰ類事務、Ⅰ類技術、Ⅱ類**

1．正しい。
2．誤り。行政財産は、自治法第238条の4第2項各号に該当する場合には、その行政財産の用途又は目的を妨げない限度で貸し付け、又は私権を設定することができる（『職員ハンドブック2021』442ページ）。
3．誤り。都においては、行政財産の許可処分に関して、その範囲、期間、手続等を定めている。使用を許可できる範囲については、公共団体において公用又は公共用に供するとき等に制限されており、使用許可の期間は原則として1年以内に限られている（『職員ハンドブック2021』443ページ）。
4．誤り。行政財産を公用若しくは公共用に供する必要が生じたとき、又は許可条件に違反する行為があると認めるときには、その許可を取り消すことができる（『職員ハンドブック2021』443ページ）。
5．誤り。知事の管理する行政財産の用途を廃止したときは、その管理権限を有し又は分掌する局の長は、原則として財務局長に引き継がなければならない（『職員ハンドブック2021』443ページ）。　**正答　1**

【解説　No.　43】　**Ⅰ類事務、Ⅰ類技術、Ⅱ類**

1．誤り。予算が成立したときは、財務局長は、これを会計管理者に通知するとともに、局長にその所管する局の事業に係る予算の内容を通知しなければならない（『職員ハンドブック2021』393ページ）。
2．誤り。財務局長は、局長から提出された予算執行計画の見積りを審査し、適正と認めたときは、速やかに歳出予算を局長に配当しなければならない。これを予算の配当という。ただし、財務局長が必要と認めたときは、知事の承認を得て、その全部又は一部を配当しないことができる。これを配当保留という（『職員ハンドブック2021』393ページ）。
3．正しい。
4．誤り。歳出予算の経費の金額は、各目又は各節の間で相互にこれを流用することができない。ただし、局長は、歳出予算の執行上やむを得ない場合に限って、財務局長に協議をした後に、各目間あるいは各節間において流用することができる。局長は、歳出予算の経費の金額を流用したときは、これを会計管理者及び財務局長に通知しなければならない（『職員ハンドブック2021』393ページ）。
5．誤り。局長は、都税及び都税に係る税外収入に係るものを除く不納欠損処分をしようとするときに、あらかじめ財務局長に協議しなければならない（『職員ハンドブック2021』394ページ）。　**正答　3**

【No. 44】　国庫支出金に関する記述として、妥当なのはどれか。

1.　国庫支出金は、地方公共団体間の財源の不均衡を調整するため、一般財源として国から地方公共団体に対して交付される資金のことである。

2.　国庫支出金は、国庫委託金、国庫負担金、国庫補助金、地方交付税及び地方譲与税の５つに分類されている。

3.　国庫負担金とは、法令に基づくもののほか、地方公共団体の財源だけでは実施が困難な大規模事業等に対し、国がその経費の一部を負担する国庫支出金をいう。

4.　国庫委託金とは、国会議員の選挙や統計調査など、国の仕事を地方公共団体が代行する場合に、国がその経費の一部を負担する国庫支出金をいう。

5.　国庫補助金とは、国が地方公共団体に対して行う、仕事の奨励や財政援助のための補助金のことをいうが、国の支出は義務付けられていない。

【解説　No.　44】　　　　　　　　　　**Ⅰ類事務、Ⅰ類技術、Ⅱ類**

1．誤り。国庫支出金は、国が地方公共団体に対し、行政上必要な特定の経費の財源に充てるために交付する支出金である。使途が特定されていることに特徴がある（『職員ハンドブック2021』120ページ）。

2．誤り。国庫支出金は、国庫負担金、国庫委託金、国庫補助金に分類される。地方交付税及び地方譲与税は、国庫支出金には含まれない（『職員ハンドブック2021』144ページ）。

3．誤り。国庫負担金とは、義務教育、生活保護、道路・住宅の建設等地方公共団体の行う事務で国と地方公共団体相互の利害に関係のある事務のうち、その円滑な運営を期するためには、なお、国が進んで経費を負担する必要がある経費について、国が、その経費の全部又は一部を負担するものである（『職員ハンドブック2021』144ページ）。

4．誤り。国庫委託金とは、国会議員の選挙や統計調査など、国の仕事を地方公共団体が代行する場合に支出されるもので、全額その経費を国が負担するものである（『職員ハンドブック2021』144ページ）。

5．正しい。

正答　5

【No. 45】　都における会計の検査、監督に関する記述として、妥当なのはどれか。

1. 会計の監督権は、普通地方公共団体の長が有しているため、会計事務の指導統括に関する事務は財務局長が行うこととなっているが、当該事務のうち、現金の出納に関しては、会計管理者が行っている。
2. 局長は、当該局及び所管に属する所の特別出納員、金銭出納員等の取扱いに係る現金その他の会計事務について、毎年度１回以上所属職員のうちから検査員を命じて検査をさせなければならない。
3. 会計管理者は、所属職員のうちから検査員を命じ、自己検査の対象となる会計職員の会計事務について、直接検査をすることができるが、関係人に対する照会その他実地に調査をすることはできない。
4. 会計管理者が行う直接検査は、局及び所の特別出納員、資金前渡受者等の事務を対象とする定期検査と、定期検査の結果を受け改めて検査の必要があるときに実施する臨時検査の２つに分類されている。
5. 局長は、金銭出納員や現金取扱員等から、現金や有価証券等についての亡失又は損傷の報告があった場合は、事故の経過を踏まえ、必要に応じて、直接知事に報告しなければならない。

【解説　No.　45】　　**Ⅰ類事務、Ⅰ類技術、Ⅱ類**

1．誤り。会計の監督権は、普通地方公共団体の長が有しているが、会計事務の指導統括に関する事務は、会計管理者が行うことになっている（『職員ハンドブック2021』413ページ）。

2．正しい。

3．誤り。会計管理者は、特に必要があると認めるときは、関係人に対する照会その他実地に調査をすることができる（『職員ハンドブック2021』413ページ）。

4．誤り。定期検査、臨時検査の他にも、定期検査の結果を受け改めて検査の必要があると認める場合に実施する再検査がある（『職員ハンドブック2021』413ページ）。

5．誤り。局長は、事故の報告等により亡失損傷の事実を知ったときは、その経過に意見を付して、会計管理者を経由の上、知事に報告しなければならない（『職員ハンドブック2021』414ページ）。

正答　2

【No. 46】　都における情報公開制度に関する記述として、妥当なのはどれか。

1. 条例で定める公文書の開示を行う実施機関とは、独立して事務を管理し、執行する知事、教育委員会などの行政委員会、公営企業管理者並びに東京都政策連携団体及び都が設立した地方独立行政法人のことをいう。

2. 公文書の開示に係る事務に要する費用として、開示請求者に公平な負担を求める観点から、開示手数料を徴収することとしており、文書等の写しの交付の場合は、単色刷り及び多色刷りのいずれも１枚につき10円としている。

3. 法令の規定による閲覧等の対象となる公文書は開示請求があった場合には開示しなければならないが、インターネットで公表若しくは提供している情報と同一の情報が記載された公文書は、開示請求があっても開示しないものとしている。

4. 公文書開示請求に対する決定について審査請求があった場合、当該審査請求が不適法であり却下する場合を除いて、東京都情報公開審査会に諮問して、当該審査請求についての裁決を行うものとされている。

5. 開示請求を待つことなく情報の積極的な公表や提供を進めるため、長期計画等の重要な基本計画や主要事業の進行状況などについては、原則として公表が義務付けられている。

【解説　No.　46】　**Ⅰ類事務、Ⅰ類技術、Ⅱ類**

1．誤り。実施機関には、本肢記載のもののほか、警視総監及び消防総監が含まれる（『職員ハンドブック2021』486ページ）。

2．誤り。文書等の写しの交付の場合、単色刷りは１枚につき10円、多色刷りは１枚につき20円を徴収する（『職員ハンドブック2021』489ページ）。

3．誤り。法令の規定による閲覧等の対象となる公文書についても、開示請求があっても公文書の開示をしないものとしている（『職員ハンドブック2021』489ページ）。

4．誤り。開示決定等を取り消し、又は変更し、全部を開示する場合については、東京都情報公開審査会に諮問しないで裁決を行うこととされている（『職員ハンドブック2021』489ページ）。

5．正しい。

正答　5

【No. 47】　組織原則に関する記述として、妥当なのはどれか。

1.　命令一元性の原則とは、命令は複数の上司から行われてもよいが、一度発した命令は変更してはならないとする原則である。

2.　権限委譲の原則とは、権限は組織の各階層に適切に配分しなければならないとする原則であり、スパン・オブ・コントロールとも呼ばれる。

3.　権限と責任の原則とは、権限をもつ者と責任をもつ者とは別個の者でなければならないとする原則であり、例外の原則とも呼ばれる。

4.　監督範囲適正化の原則とは、一人の上司が直接、指揮・監督する部下の人数は制限されなければならないとする原則である。

5.　階層短縮平準化の原則とは、管理階層は短くすべきではなく、平準であることが望ましいとする原則である。

【No. 48】　都のサイバーセキュリティ対策に関する記述として、妥当なのはどれか。

1.　職員は、サイバーセキュリティ対策を進めるに当たって、情報資産を機密性と完全性の２つの視点から分類し、その分類に応じて管理するよう努めなければならない。

2.　職員は、業務の遂行に当たってサイバーセキュリティポリシー及び各局で定めるサイバーセキュリティ実施手順を遵守しなければならない。

3.　平成28年度に都におけるサイバーセキュリティ全般を統括する東京都ＣＳＩＲＴ(Computer Security Incident Response Team)が設置され、従来の局ＣＳＩＲＴは廃止された。

4.　職員は、外部の者からファイルが添付された電子メールを受信した場合には、必ず不正プログラム対策ソフトウェア等にてチェックを行わなければならない。

5.　私物の外部記録媒体は、原則、使用禁止とし、業務上やむを得ず使用する必要がある場合は、必ず、事前に管理者の許可を得なければならない。

【解説　No.　47】　**Ⅰ類事務、Ⅰ類技術、Ⅱ類**

1．誤り。命令一元性の原則とは、命令は一人の上司から一元的に行われなければならないとする原則である（『職員ハンドブック2021』524ページ）。

2．誤り。権限委譲の原則についての説明は正しいが、スパン・オブ・コントロール（監督範囲適正化の原則）は、一人の上司が直接、指揮・監督する部下の人数は制限されなければならないとする原則であり、権限委譲の原則とは異なるものである（『職員ハンドブック2021』524ページ）。

3．誤り。権限と責任の原則とは、権限と責任は、常に釣合いが保たれていなければならないとする原則である（『職員ハンドブック2021』524ページ）。

4．正しい。

5．誤り。階層短縮平準化の原則とは、管理階層はできるだけ短く、また平準であることが望ましいとする原則である（『職員ハンドブック2021』525ページ）。

正答　4

【解説　No.　48】　**Ⅰ類事務、Ⅰ類技術、Ⅱ類**

1．誤り。サイバーセキュリティ対策を進めるに当たっては、情報資産を「機密性」「完全性」「可用性」の視点から適切に分類し、その分類に応じて管理をしなければならない（『職員ハンドブック2021』514ページ）。

2．正しい。

3．誤り。前段は正しいが、各局等内におけるサイバーセキュリティ全般を統括する組織として、各局等ごとに局CSIRTを設置・運用している。東京都CSIRTは、局CSIRTからの求めに応じて、その活動の支援を行っている（『職員ハンドブック2021』514ページ）。

4．誤り。外部の者からファイルが添付された電子メールを受信した場合には、必要に応じて、不正プログラム対策ソフトウェア等にてチェックした上で、添付ファイルを展開する（『職員ハンドブック2021』516ページ）。

5．誤り。私物の外部記録媒体については、例外なく使用禁止である（『職員ハンドブック2021』516ページ）。

正答　2

【No. 49】　本年３月に都が策定した「東京都中央卸売市場経営指針」に関する記述として、妥当なのはどれか。

1.　本指針は、今後の市場経営のビジョンを示すものであり、目指すべき将来像を「2050年代の中央卸売市場の姿」として明確化するとともに、世界の食市場への参入・参画を実現するとしている。

2.　本指針では、中央卸売市場が目指すべき終局的なゴールを「市場ブランドの確立」として再定義し、これに照らし、市場機能の本質的な要素である「安全・安心」と「安定供給」を考え方の基軸に体系化している。

3.　目指すべき将来像として、「適正規模の市場づくり」、「市場の管理運営体制の合理化」、「環境にやさしい市場の実現」、「民間事業者との連携」、「都民に開かれた市場の実現」などを挙げている。

4.　今後の取組の方向性の一つである「サステナブル経営の推進」では、「商流の高度化・効率化」、「物流の高度化・効率化」、「多様な消費者ニーズへの対応」などを挙げている。

5.　今後の取組の方向性の一つである「市場施設の計画的な維持更新」では、「市場全体のアセットマネジメントの実施」及び「市場の施設特性に沿った計画的な維持更新」を挙げている。

【解説　No.　49】　　　　**Ⅰ類事務、Ⅰ類技術、Ⅱ類**

1．誤り。目指すべき将来像を「2040年代の中央卸売市場の姿」として明確化するとともに、強固で弾力的な財務基盤に裏打ちされた持続可能な市場経営の実現も目指すとしている。
2．誤り。「中央卸売市場が、その使命を踏まえ、持てる機能を十全に発揮することで、都民生活の幸せを実現する」ことを終局的に目指すべきゴールとして再定義し、「結び」と「信頼」という2つの概念を、基軸として位置付けている。
3．誤り。「2040年代の中央卸売市場の姿」として、中核機能の強化による市場の強靭化、最先端技術等による高付加価値なサービスの提供、多様な社会的役割の発揮を挙げている。
4．誤り。「サステナブル経営の推進」では、「環境問題への取組」、「地域社会との共生」、「働き方改革・ダイバーシティの推進」を挙げている。
5．正しい。

正答　5

【No. 50】　本年３月に都が策定した「東京都食品ロス削減推進計画」に関する記述として、妥当なのはどれか。

1.　本計画は、東京都食品ロス削減パートナーシップ会議から提出された「食品ロス削減に向けた提言」を踏まえて食品ロス削減推進法に基づき策定したものであり、計画期間は2021年から概ね５年程度としている。

2.　本計画の目標達成に向けて、特定５品目の食品ロス削減の各施策を着実に進めていくため、行政だけでなく消費者、事業者、関係団体など様々な主体が個別に取組を進めるとしている。

3.　食品ロスの現状として、発生量全体のうち事業系（事業活動に伴い発生する食品ロスであり一般廃棄物、産業廃棄物を含む）が占める割合は、全国では約７割であるのに対して、都内では約４割である。

4.　2030年の目標達成に向けた施策として、「有効活用に向けた持続可能な循環型社会へ」、「先進技術の活用」、「飲食店における取組の推進」、「食品リサイクルの推進」の４つを挙げている。

5.　2050年の食品ロス半減を目指して、「食品需給量のマッチングによる過剰供給の抑制」、「革新的技術による製品開発」、「フードシェアリングサービスの普及・定着」、「未利用食品を有効活用した取組の定着」の４つを挙げている。

【解説　No.　50】　　　　　　　　　　　　Ⅰ類事務、Ⅰ類技術、Ⅱ類

1．正しい。

2．誤り。目標達成に向けて多岐にわたる食品ロス削減の各施策を着実に進めていくため、行政だけでなく消費者、事業者、関係団体など様々な主体と一丸となって取組を進めるとしている。

3．誤り。食品ロス発生量全体のうち事業系が占める割合は、全国では約5割であるのに対して、都内では約7割である。

4．誤り。2030年の目標達成に向けた主な施策として、「発生抑制（リデュース）を基調とした持続可能な循環型社会へ」「先進技術を活用した食品ロスの削減」「フードサプライチェーンの連携した取組の推進」「未利用食品の有効活用の推進」「食品リサイクルの推進」の5つを挙げている。

5．誤り。2050年の食品ロス実質ゼロを目指して、「食品需給量のマッチングによる過剰供給の抑制」「革新的技術による製品開発」「フードシェアリングサービスの普及・定着」「環境に配慮した食生活の充実」の4つを挙げている。

正答　1

【No. 51】　本年３月に都が策定した「東京都気候変動適応計画」に関する記述として、妥当なのはどれか。

1.　本計画は「地球温暖化対策推進法」に基づき、「東京都気候変動適応方針」で示した考え方に加え都民の視点を取り入れ策定したものである。

2.　本計画では、「自然災害」、「健康」、「農林水産業」、「水資源・水環境」、「自然環境」の５つの分野ごとに、気候変動による影響と今後の主な取組を取りまとめている。

3.　2030年に向けた目標では、気候変動の影響によるリスクを最小化し、都民の生命・財産を守り、人々や企業から選ばれ続ける都市を実現するとしている。

4.　2050年の目指すべき姿では、都政及び都民・事業者の活動において、「サステナブル・リカバリー（持続可能な回復）」の考え方を取り入れながら、気候変動による将来の影響を考慮した取組がされているとしている。

5.　適応策の推進では、地方独立行政法人東京都立産業技術研究センターに、「（仮称）東京都気候変動適応センター」を令和５年度に設置予定としている。

【No. 52】　本年３月に都が改定した「高齢者の居住安定確保プラン」に関する記述として、妥当なのはどれか。

1.　本プランは、高齢者の居住の安定確保に向け、住宅施策と福祉施策が連携し、総合的・計画的に施策を推進するための基本的な方針と実現のための施策を示した計画である。

2.　本プランは、住生活基本法に基づく住生活基本計画及び老人福祉法に基づく老人福祉計画としての位置づけを持つものである。

3.　「豊かな住生活の実現と持続」は、地域包括ケアシステムを構築する上での基本であり、人口減少社会に向かう中、立地に応じたメリハリのある施策展開に移行し、居住の場としても魅力的な東京を目指していくとしている。

4.　地域包括ケアシステムとは、高齢者が、可能な限り、住み慣れた地域で自立した日常生活を営むことができるよう、医療、介護、住まい及び就業の四つの支援が包括的に確保される体制であるとしている。

5.　目標として、2025年度末までに都営住宅を２万８千戸、2030年度末までに認知症高齢者グループホームを定員６万４千人分、それぞれ確保するとしている。

【解説　No.　51】 **Ⅰ類事務、Ⅰ類技術、Ⅱ類**

1．本計画は、「気候変動適応法」に基づき、「東京都の地域気候変動適応計画」を策定したものであり、令和３年３月に策定した「『未来の東京』戦略」を踏まえたものである。
2．正しい。
3．誤り。2030年に向けた目標では、都政及び都民・事業者の活動において、気候変動の影響を受けるあらゆる分野で、サステナブル・リカバリーの考え方や、DX の視点も取り入れながら、気候変動による将来の影響を考慮した取組がされているとしている。
4．誤り。2050年の目指すべき姿では、気候変動の影響によるリスクを最小化し、都民の生命・財産を守り、人々や企業から選ばれ続ける都市を実現するとしている。
5．誤り。適応策の推進では、公益財団法人東京都環境公社の東京都環境科学研究所に、「(仮称) 東京都気候変動適応センター」を令和３年度中に設置する準備を進めるとしている。

正答　2

【解説　No.　52】 **Ⅰ類事務、Ⅰ類技術、Ⅱ類**

1．正しい。
2．誤り。本プランは、高齢者の居住の安定確保に関する法律に基づく「高齢者居住安定確保計画」としての位置付けを持つものである。
3．誤り。高齢者のための住まいの確保は、地域包括ケアシステムを構築する上での基本であり、高齢者が住み慣れた地域で安心して暮らせるよう、居住空間の確保に加え、生活支援や介護・医療等のサービスの確保についても一体的に考えていく必要があるとしている。
4．誤り。地域包括ケアシステムとは、地域の実情に応じて、高齢者が、可能な限り、住み慣れた地域でその有する能力に応じ自立した日常生活を営むことができるよう、医療、介護、介護予防、住まい及び自立した日常生活の支援が包括的に確保される体制であるとしている。
5．誤り。2030年度末までに、特別養護老人ホームを定員６万４千人分、認知症高齢者グループホームを定員２万人分、それぞれ確保するとしている。

正答　1

【No. 53】　本年３月に都が改定した「東京都食育推進計画」に関する記述として、妥当なのはどれか。

1.　健康増進法に定める都道府県食育推進計画として、令和２年度末までの計画を改定したもので、令和３年度から12年度までを計画期間として、東京における食育を推進していくための基本的な考え方と具体的な施策を提示している。
2.　「東京都食育推進計画に関する指標調査（令和２年度)」では、９割以上の都民が農作業体験や生産者との交流などに関心があると示しており、食育活動へ関心を持っている都民が多いとしている。
3.　食育推進の基本的な考え方として、「健康長寿を実現するライフスタイルに応じた食育の推進」を方向性の一つとしており、「ライフスタイルに合わせた個人での食育を進める」「中高年の食に関する意識を高める」等を挙げている。
4.　食育推進の基本的な考え方として、「Society 5.0の達成に貢献する食育の推進」を方向性の一つとしており、食品ロス削減を実践するための具体的な施策として、食品関連事業者向け動画の作成など普及啓発を進めること等を挙げている。
5.　学校での食育活動を推進するための具体的な施策として、学校給食に地場産物を積極的に活用するなど、「生きた教材」である学校給食を活用した食育を推進すること等を挙げている。

【解説　No.　53】 **Ⅰ類事務、Ⅰ類技術、Ⅱ類**

1．誤り。食育基本法に定める都道府県食育推進計画として、令和３年度から令和７年度までを計画期間として、東京における食育を推進していくための基本的な考え方と具体的な施策を提示している。
2．誤り。約４割の都民が農作業体験や生産者との交流などに関心があるとしているが、食育活動に参加したことがない都民の割合は８割を超えているとしている。
3．誤り。「健康長寿を実現するライフスタイルに応じた食育の推進」では、「ライフスタイルに合わせた家庭での食育を進める」「若い世代の段階から食に関する意識を高める」「多様化する食へのニーズに応じた食育を進める」「食を通じた健康づくりを進め健康寿命を延ばす」が挙げられている。
4．誤り。食育推進の基本的な考え方として、「SDGs の達成に貢献する食育の推進」を方向性の一つとしており、「食の安全に関する理解を深め、実践に繋げる」「食品ロス削減を実践する」「食育を広げ、持続可能な社会の実現を目指す」を挙げている。
5．正しい。

正答　5

【No. 54】　本年３月に都が策定した「東京高速道路（ＫＫ線）再生方針」に関する記述として、妥当なのはどれか。

1.　ＫＫ線は、全長約８kmの自動車専用道路であり、千代田区、中央区、港区、江東区の境界に位置している。

2.　本方針は、新たな価値や魅力を創出するため、ＫＫ線の上部空間を歩車共存、下部空間を自転車専用の公共空間として再生・活用することを目標としている。

3.　目指すべき将来像として、「高架道路の形態をいかした広域的な歩行者系ネットワークの構築」、「既存ストックをいかした地域の価値や魅力の向上」などの三つを挙げている。

4.　将来像の一つである「高架道路の形態をいかした広域的な歩行者系ネットワークの構築」では、市街地を俯瞰（ふかん）する視点場が整備され、歩いて、見て、楽しむことができ、地域の新たな魅力を創出しているなどとしている。

5.　将来像の一つである「周辺まちづくり等と連携したみどりとオープンスペースの形成」では、オープンスペースに質の高いみどりや、かつての海の記憶を継承した水の潤いを感じられる空間が整備されているなどとしている。

【解説　No.　54】　　**Ⅰ類事務、Ⅰ類技術、Ⅱ類**

1．誤り。KK 線は、全長約 2 km の自動車専用の道路であり、千代田区、中央区、港区の境界に位置している。

2．誤り。本方針では、東京の新たな価値や魅力を創出するため、KK 線上部空間を歩行者中心の公共的空間として再生・活用することを目標としている。

3．正しい。

4．誤り。将来像の一つである「既存ストックをいかした地域の価値や魅力の向上」では、市街地を俯瞰（ふかん）する視点場が整備され、歩いて、見て、楽しむことができ、地域の新たな魅力を創出しているなどとしている。

5．誤り。「連続する屋外空間をいかした大規模なみどりのネットワークの構築」では、オープンスペース（公共的空間）に質の高いみどりや、かつての川の記憶を継承した水の潤いを感じられる空間が整備され、居心地の良い多様な滞留空間として誰もが憩い楽しんでいるなどとしている。

正答　3

【No. 55】　本年３月に都が改定した「東京都動物愛護管理推進計画」に関する記述として、妥当なのはどれか。

1.　本計画は、これまでの「東京都動物愛護推進総合基本計画」を見直し、再構築したものであり、令和３年度から７年度までを計画期間としている。

2.　本計画では、都民、事業者、ボランティア・関係団体、国といった動物愛護に関わる様々な主体それぞれに対して行動指針を定めている。

3.　事業者の役割として、行政と連携・協働し、地域住民を主体とした飼い主のいない猫対策への協力等、動物愛護管理施策の推進に大きく貢献することが期待されるとしている。

4.　前計画で示した四つの施策展開の方向に沿って取組を進めることを基本とし、動物愛護管理をめぐるこれまでの取組内容や現在の課題、中期的展望も見据えて、今後、重点的に取り組むべき施策を整理したとしている。

5.　施策展開の方向である「動物の適正飼養の啓発と徹底」に向けた重点施策として、「特定動物飼養・保管許可及び適正飼養の徹底」や「動物の譲渡拡大のための仕組みづくり」等を行うとしている。

【解説　No.　55】　　　　　　　　　　　　Ⅰ類事務、Ⅰ類技術、Ⅱ類

1．誤り。本計画の計画期間は、令和３年度から令和12年度までの10年間である。

2．誤り。本計画では、都民、事業者、ボランティア・関係団体、区市町村、都について、それぞれの役割を示している。

3．誤り。本肢の記述は、事業者の役割ではなく、ボランティア・関係団体の役割として記載されている。

4．正しい。

5．誤り。「事業者等による動物の適正な取扱いの推進」に向けた重点施策として、「特定動物飼養・保管許可及び適正飼養の徹底」、「動物の致死処分の更なる減少を目指した取組の推進」に向けた重点施策として、「動物の譲渡拡大のための仕組みづくり」等を行うとしている。

正答　４

東京都主任試験解答集　令和２－３年度　　定価：本体1,700円＋税

2021年12月16日　発行

編集人　㈱都政新報社　出版部

発行人　吉田　実

発行所　㈱都政新報社

〒 160-0023　東京都新宿区西新宿 7-23-1　TS ビル 6 階

Tel 03(5330)8788　　Fax 03(5330)8904

http://www.toseishimpo.co.jp/

印刷・製本　藤原印刷株式会社

ISBN978-4-88614-269-6 C2030